戰

跨越半世紀的使命

Since 1963

癌

香港防癌會
HONG KONG ANTI-CANCER SOCIETY
Since 1963

序一

香港防癌會會長

梁智鴻醫生

　　癌症一直是本港頭號殺手，每年逾 14,000 宗死亡個案，佔整體死亡數字近三分之一。隨着人口增長及老化，新症數字持續上升，可幸是死亡個案並沒有同時急增。

　　預防和及早發現成為抗癌的重要關鍵，香港防癌會於 1963 年由何鴻超教授成立，這本書敍述了香港防癌會的歷史，由何教授最初成立的目的、期間遇到的困難、持續的發展，到近年何教授的徒子、徒孫堅毅承傳其使命，並邀請不同界別人士積極參與，從而奠定防癌會的地位。

　　我們一直堅守服務病人的宗旨，除了為病人提供住院照顧，還不斷因應病人的需要發展貼心的服務，例如藥物資助計劃、慈善愛心病床、中西醫結合治療、與病人及家屬攜手同行的癌症支援計劃等等。與此同時，防癌會透過教育活動、免費健康講座、步行活動、巡迴展覽等等，不斷將防癌訊息傳遞給市民，藉此讓市民大眾更了解癌症，從而達致健康生活。此外，我們又提醒大眾了解檢查的重要，因為及早發現，對症下藥，就有機會徹底治癒。

　　讀畢這本書後，不僅讓你了解防癌會的工作，更讓你對癌症、病人、家屬、照顧者、醫護人員不同角色有更多體會。

香港防癌會主席

朱楊珀瑜女士

香港防癌會由何鴻超教授一手創辦，由最初看到病人瑟縮於鐵皮屋下，便立定決心成立香港防癌會，為病人提供棲身之所，照顧病人的需要。時至今日，防癌會不僅提供院舍服務，照顧病人身、心、社、靈的需要，我們更走入社群提供地區服務，照顧癌症病人的不同需要，貫徹何教授全心全意關顧病人的初心。

香港防癌會過去半世紀並非一帆風順，曾經歷籌款困難、南朗醫院結業。然而我們為着服務癌症病人一直堅持，縱有困難，仍希望竭盡所能一一克服，為有需要的癌症病人及其家人提供適切的照顧，即使人生走到盡頭，亦能有尊嚴、坦然地面對。

曾有一名患上罕見癌症的年輕人，入住本院時情況已非常嚴重，因肚內積水坐着的時候需佔用兩張椅子，家人都很憂心。其後年輕人病情轉差，大部分時間都感到很疲累。作為球迷的他，心願是看一場阿仙奴的球賽，然而身體狀況甚差的他連下床也非常困難，豈能親身到現場看一場球賽。慶幸一位合作多年的伙伴得知情況後，將一條阿仙奴的頸巾送給年輕人，更邀請阿仙奴著名球星奧斯爾拍攝一條短片，鼓勵這位年輕人。這年輕人非常感動，他的母親也因孩子能圓夢深感到安慰。雖然年輕人約一星期後便離世，但家人卻欣賞我們為年輕人貼心、盡力的照顧。

這本書記載了防癌會的歷史、演變及進程，以至未來的發展與願景。當中的點點滴滴，看透我們於過去半世紀中面對癌症帶來的種種挑戰，緊守崗位，與時並進，面對世界，為香港的控癌工作作出最大的努力。期望大家能感受防癌會站在抗癌、防癌及戰癌的最前線，與我們並肩同行。

香港防癌會創辦人何鴻超教授兒子

何英進醫生

香港防癌會是爸爸的心血，對我而言，是見證「她」的出生到成長，以至今天的成就。感恩一班執委會的成員、同事、義工一直付出，堅守對病人服務的宗旨。

小時候父親的工作非常忙碌，經常在醫院工作至深夜才回家。放假時，他會帶着我到香港防癌會轄下的南朗醫院地盤視察興建的情況，由最初一片爛地，演變成一間具規模的醫院，讓病人得以於較佳的地方治療及療養。年幼的我一直敬重父親為病人服務的決心，並立志承傳父親的衣缽，成為一位腫瘤科醫生。而我的兒子亦因為我和父親的緣故，以醫生作為終身職業。

長大後我與家人移居美國，但每次返港定必回到防癌會，逾半世紀的防癌會雖然經歷很多變遷，但這裏的一花一草都有着熟悉的氣味，更重要是這裏的人情味、對病人的貼心，一直有增無減。

期望防癌會能繼續秉承服務病人的宗旨，並推廣癌症教育，讓市民大眾能一起抗癌、防癌及戰癌。

目錄

目錄

香港防癌會

創辦於 1963 年
創辦人是香港放射及腫瘤科權威何鴻超教授
全港第一間非牟利癌症機構
執行委員會結集各科專業醫護人員及不同界別人士
服務半世紀站在戰癌最前線

建立全港第一間癌症醫院
建立全港第一間癌症康復中心
建立全港第一間中西醫會診的中醫藥中心
首創癌症藥物資助計劃
建立全港首個外展家訪癌症家庭支援計劃

一切從愛開始

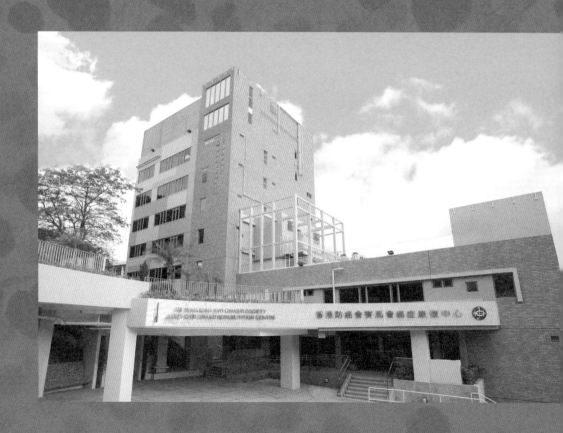

「50、60年代，癌症病人是很惨的！」何英進醫生，香港防癌會創辦人何鴻超教授的兒子，腫瘤科醫生，自小跟隨何教授進出醫院，目睹癌症病人的慘況：「當時沒有腫瘤科，癌症病人分佈在醫院各科，如婦科有乳癌病人，胸肺科有肺癌病人。」

潘若芙醫生，是早於1960年入職何鴻超教授主理的放射腫瘤科的學生。她說：「1959年我在香港大學醫學院畢業，翌年在瑪麗醫院工作時，全院只有8張末期癌症病床，男、女各4張。」

當年癌症是絕症，治癌方法，主要是切除手術，但很多部位，如淋巴是無法切除的，需要電療和化療，但存活率很低，大部分都是末期病人，治療的副作用又非常大，劇痛、嘔吐、潰瘍、吞嚥困難等，潘若芙醫生回憶說：「初入職時，一腳踢甚麼都要做，見盡不同痛苦的癌症病人，自己晚上經常發噩夢，任何癌病都患過，牙齒爛了，一顆顆的掉下來！」由此可想

瑪麗醫院舊貌

像箇中慘況，令人十分畏懼。病人身心痛苦之外，更感絕望；因為醫療資源有限，羸弱痛苦的病人，治不好又沒有病床，被勒令出院。

病人在醫院外的停車場席地而睡

從山頂俯瞰香港的面貌

1962 年香港大學醫學院畢業，泌尿外科專家梁智鴻醫生說：「也有不少人誤解癌症是傳染病，家人不想病人回家，病人也不希望回家連累家人，唯有自生自滅。」箇中慘況，不是現今治療和照顧水平都先進的香港可以想像的。

Mr. Geoffrey F. Mauldon，中文名毛頓，他是 1956 年由何教授從澳洲聘請來港的醫學物理學家，一直與何教授「打天下」發展放射技術和治療，他回憶說：「所有病人，當時都要來全港唯一有放射治療儀器的瑪麗醫院做電療，瑪麗醫院在港島薄扶林山上，病人身體虛弱，當年香港人大多貧困，市民普遍住在唐樓、板間房，還有住在新界鄉村的病人，沒有能力經常來回家和醫院，就在醫院附近的荒地上，自搭鐵皮屋暫住。」

何鴻超教授兒子何英進醫生

當年民生貧苦，病人很多是住板間房，或是要「爬」樓梯的唐樓，更有人住新界，乘搭簡陋的公共交通工具如巴士、小巴、貨車等，長途跋涉，到偏遠的瑪麗醫院下的巴士站，支撐上山上的醫院治療。

病人煎熬，感到痛心！

何鴻超教授從 1950 年開始，歷任醫務衞生署（Medical and Health Department，今衞生署）放射診療科主任顧問、放射學及腫瘤研究院院長。何教授疼愛病人是眾所週知的，他面對癌症病人的苦況，感到很痛心。他明白政府的醫療資源有限，於是結集民間力量，成立本港首間非牟利癌症機構──香港防癌會，公開接受捐款，為癌症病人建醫院，蓋一個家，同時全面培訓放射及腫瘤科的醫護和技術人才。

這股力量，龐大而久遠，一直站在戰癌的最前線，肩負起戰癌的重大使命。

何鴻超教授及醫護人員

17

第二章 創辦人「皇上」何鴻超教授

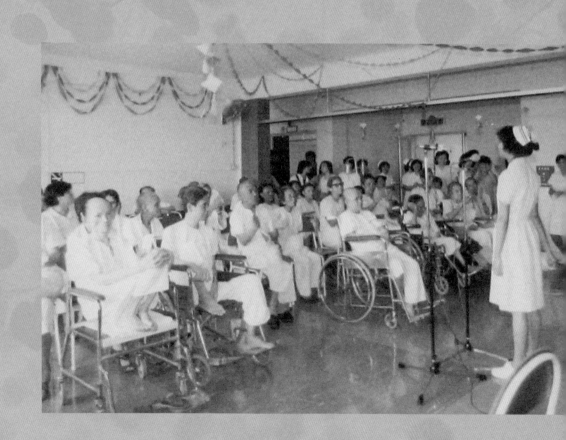

何鴻超教授（Ho Hung-Chiu, John, C.B.E., MBBS(HK), MD. DSc., FRCP(LOND), FRCR(RD), FRCR(RT), FRCRA, FACR, FHKCR 1916 年 7 月 6 日 —2005 年 8 月 10 日，享年 89 歲），原是荷蘭裔猶太人，於香港出生。曾祖父何仕文（Charles Henry Maurice Bosman，粵語併音 Ho Sze Man），從荷蘭來到香港後，使用漢化姓氏「何」，籍貫隨妻施娣為廣東寶安，是十九世紀香港的四大家族之一。何仕文次子，是何鴻超的祖父何福，何東爵士的二弟。父親何世耀，是何福次子，有利銀行買辦，母親施燕芳（Ethel Zimmern），是名紳施炳光長女。

何鴻超教授童年時代

何鴻超教授出生時的照片

何鴻超教授中學就讀於香港聖若瑟書院，1934 年畢業，考進香港大學理學院，次年轉入醫學院，1940 年畢業，獲取醫學博士學位。1941 年，太平洋戰爭爆發，受聘於紅十字會，到廣東任國民政府軍野戰醫院軍醫，香港大學亦派出兩架醫療車隨團出發。1946 年返港，任荔枝角傳染病醫院院長，後往英國曼徹斯特和倫敦深造，修讀放射診斷學及放射治療學，1947 年獲英國皇家內科醫學院院士。

何鴻超教授擔任醫院軍醫隨車隊出發

在放射治療學上，何教授得到布賴恩雲迪耳爵士（Sir Brian Windeyer）和羅爾斯頓帕特森（Ralston Paterson）兩位世界權威級教授指導，成為當時香港唯一一位同時考取英國皇家放射科醫學院頒授之放射診斷、放射治療雙重學位。梁智鴻醫生說：「一般醫生，都是放射診斷、放射治

療二選其一學習和發展，唯何教授兩者並行，同時取得國際專科資格，是香港第一人，相信世界上都甚少有。」

放射治療（俗稱電療），是德國人在19世紀時發現了X射線（現在的X-Ray），並開始用於乳癌治療上。同時，波蘭裔法國籍的居禮夫人發現了鐳，成功以鐳治療惡性腫瘤。此後，放射治療便成為治療癌症，即惡性腫瘤的重要方法。

1949年，何鴻超教授從英國取得學位後回香港，任職於醫務衛生署。從1950年開始，歷任放射診療科主任顧問、放射學及腫瘤研究院院長，掌管放射科分部及物理治療部，駐診於當時遠東最大的瑪麗醫院，也是全港唯一擁有放射治療儀器的公立醫院。

1959年香港大學醫學院畢業、翌年入職瑪麗醫院放射及腫瘤科的陳炳勳醫生說：「50年代末期，主理政府放射及腫瘤科的第一把交椅是何鴻超教授，第二把交椅是

曹載熙醫生。曹醫生是在英國讀書畢業的，也同時考取放射診斷和放射治療學位，但是屬文憑（Diploma），比教授的稍低，但也是當時罕見的。我 60 年入職時，他已位居第二把交椅。所以，教授邀請他成為 10 位始創人之一，合力建立香港防癌會。」

何教授的學術成就很高，但他的理想不是投放在自己的成就上。他任職於醫務衞生署，不單是一位學歷好、薪酬高、只為有錢有地位的人治病的政府高級醫生，而是不論貧富，同時為沒有錢醫病的癌症病人奉獻自己。

何氏是香港四大家族之一，教授出身

何鴻超教授從不間斷培訓醫療人才

名門，他善用自己的學識、聲譽、人脈關係、國際影響力，為防癌、治癌打拼。

何教授是香港放射診斷及治療、腫瘤治療的先驅和權威，在他領導下，建立整個體制和模式、優化儀器、培訓人才、創辦第一個非牟利癌症機構香港防癌會、創辦第一間專門接收癌症病人的醫院──南朗醫院、建立第一個癌症資料統計中心，猶如建立一個「王國」。他是世界鼻咽癌權威，從臨床到研究，與國際接軌，讓香港的放射及腫瘤科專業地走到今日，被同輩稱為 "Emperor"「皇上」！

何鴻超教授學術成就很高

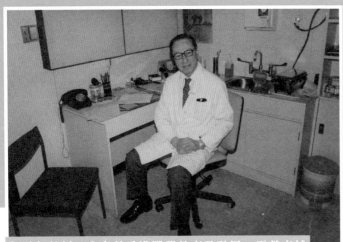

何鴻超教授一生奉獻香港醫學教育及發展，貢獻卓越

從無到有！由優化儀器開始

1956 年從澳洲來香港的毛頓說：「教授聘請我來香港，優化瑪麗醫院放射儀器的安全性、計算放射電療的劑量，然後增添先進器材，培訓人才，一切要朝國際水平發展。」毛頓到港的第一天，就知道教授很忙，他笑說：「人生第一次坐船來到香港，教授竟然忘記來接船，怎麼辦？流落在完全陌生的北角碼頭數小時，不知所措，幾經艱苦終於找到電話，致電瑪麗醫院找教授，他才驚覺我到了香港，馬上停了講課，飛奔來接我。」

毛頓又說：「當時，公立醫院中，只有瑪麗醫院設有兩部放射治療儀器，都是舊式的。一部在地下層，有厚門阻擋輻射，但工作環境仍然不安全，機前的玻璃能看見技師的腳，放射出來的射線，能穿透玻璃的。教授有見識，知道有問題，所以聘請我負責優化安全性、儀器和設施。另一部在一樓，何教授的辦公室也在這層。」

那個年代，大眾對電療的知識很貧乏，毛頓回憶說：「養和醫院也有兩部電療機，

何鴻超教授善用人脈,為防癌會爭取不同機遇
(鄧肇堅爵士、何鴻超教授)

雖是私家醫院,但何教授經常與養和醫院的醫生在一起,溝通無間,還聯袂到澳門交流。一次,何教授在養和醫院看見自己的病人,很奇怪的問:『為何在這裏看到你?』病人說:『我想早日痊癒,所以在瑪麗電療之後,來養和多電一次。』何教授啼笑皆非,病人誤以為電得愈多愈好,又不知應該告訴兩間醫院的醫生。」

毛頓本來受聘兩年,何教授挽留他,對他的老闆、澳洲醫院的 Dr. Jack Martin 說,希望毛頓多留香港三個月:「他星期六提出挽留,要我星期一回覆。但星期六、

日都找不到 Martin,便只好答應教授了,但要求讓我先回澳洲半年,正式辦理留港手續再來。」

誰知,毛頓在香港認識了後來的太太,一留就幾十年,結婚定居。那次毛頓再來香港時,有飛機可乘了。同時,澳洲醫院換新儀器,原來的那部贈予瑪麗醫院,毛頓儼然成為澳、港兩地的親善大使,促進醫學交流。調較放射劑量,也是何教授和毛頓的重要工作。

1963 年伊利沙伯醫院啟用後不久,毛頓也到了伊利沙伯醫院,協助教授發展當時全港最大的腫瘤科,分佈於 G、H、J、K 座,共 40 張癌症病床,比瑪麗醫院的 8 張床位多 5 倍,耗資港幣 600 多萬,配備先進的電子感應加速器「貝達特倫」(Betatron)治療儀器。大樓內有鉛壁屏蔽的近距離放射治療設施及同位素房(Isotope Suite),還有裝設完備的內部通話系統,更是伊院唯一全面備有空調的

伊利沙伯醫院舊貌

60 年代初期，未有海底隧道，船仍是普遍的運輸工具，運送放射管道到醫院，毛頓先生要確保管道接駁達安全標準

部門。1969 年入職伊利沙伯醫院放射及腫瘤科的劉威漢醫生說：「早在伊院實習時，看見排着大規模的防幅射模具，實在很震撼！令我對加入腫瘤科增加了興趣。」

毛頓說：「伊院啟用初期，教授是瑪麗醫院、伊利沙伯醫院兩邊跑的，大夥兒經常結伴行山。可是，一次行山時，教授跌斷了腿，從此便主要留在伊利沙伯醫院，很少回瑪麗醫院了。但我們仍頻密的通電話，也經常到他家報告醫院和病人的實況，與教授的家人都很熟絡。」

90 年代初，伊院的行政總監周一嶽醫生，及當時任臨床腫瘤部部門主管的潘若芙醫生，取得賽馬會贊助，興建 R 座整棟「放射治療及腫瘤學大樓」。在伊利沙伯醫院啟用的同時，教授在院裏建立香港癌症資料統計中心（Hong Kong Cancer Registry, HKCaR）及香港皇家賽馬會放射診斷及腫瘤學院（The Royal Hong Kong Jockey Club Institute of Radiology and

物理學家毛頓先生由澳洲初到香港

Oncology），也設置了生物實驗室，養了一批老鼠做實驗。何英進醫生說：「經過停車場，就聞到養鼠的飼料味。」

教授在瑪麗醫院、伊利沙伯醫院及南朗醫院都設有實驗室。當年政府不資助研究，教授自行帶領學生及尋找資助，致力癌症研究，終在 70 年代找出鼻咽癌的誘因，大大改進鼻咽癌的預防及治療，也鼓勵後輩做研究。

全面培訓人才

何鴻超教授於 1956 年聘請毛頓優化放射儀器、準確計算放射劑量之後說：「是時候將重點放在培訓香港的人才了。」

每次購買新儀器時，教授都會派技師到海外接受專業訓練。前防癌會主席高永文醫生說：「直到 80 年代，仍有在伊利沙伯醫院附近的佐敦道四海大廈，培訓放射治療技師。」

前香港防癌會主席高永文醫生

香港防癌會會長梁智鴻醫生

梁智鴻醫生說：「我的專業是外科，但也是跟隨教授學習用 X 光。」香港 1982 年才有電腦掃描，90 年代磁力共振才普及。掃描面世之前，都是用 X 光檢查和診斷癌症的，大家都是上何教授的課學習。

50 年代末期，何教授開始培訓放射及腫瘤科的醫護人才，陳炳勳醫生說：「成立放射及腫瘤科的初期，除曹載熹醫生之外，主要跟隨教授工作的有數位醫生。而第一批入職瑪麗醫院的香港大學醫學院畢業生，是邱建江、楊英揚，還有一位馬來西亞籍姓許的學生。第二批一起在 1960 年

創辦人「皇上」何鴻超教授

入職的，就是我、潘若芙醫生、鄭正剛醫生。」潘若芙醫生，後隨教授從瑪麗醫院轉到伊利沙伯醫院，退休前是伊利沙伯醫院臨床腫瘤部部門主管、首席腫瘤科專科醫生，說：「1959 年畢業，當時沒有放射及腫瘤科的教科書，早期的學生和醫護人員，都是聽何教授講解及在職培訓的。」

陳炳勳醫生說：「教授所教的，是他自己寫的文章，由他編寫、講解。而醫學

劉威漢醫生

物理學的教材，則由毛頓編寫。」

尤其鼻咽癌，何鴻超教授是全球權威，他的傳授是獨一無二的，劉威漢醫生說：「第一次見到何教授是在 1966 年。我仍在香港大學醫學院就讀時，瑪麗醫院的主樓裏，有一個房間是用作教學的。逢星期四上課。那天的課，是何教授講解鼻咽癌，非常特別，因為所有書籍、報章都沒有這項內容。印象非常深刻，很動聽，資料都是他自己研究出來的，從沒遇見這方面的資訊。畢業後 1967 年入職伊利沙伯醫院，

潘若芙醫生

跟隨教授邊做邊學。」學生有些專於臨床腫瘤治療，有些協助教授做實驗，有些協助做學術報告。何教授培訓一代又一代的技術、治療醫護人才，遍佈港、九、新界各大醫院，延續治癌防癌的使命。

　　何教授提升香港的醫護人員、技術人員水平，要求他們都要達到英國皇家的專業水準、皇家承認的資格、具有世界性的視野，將香港整個放射及腫瘤科地位建立起來。1982 年入職伊利沙伯醫院放射及腫

何鴻超教授與徒弟們

教授與學生們

瘤科的董煜醫生說：「全港電療及腫瘤的治療方案、人才團隊、研究理念、運作實踐，都是由教授指揮，一手建立，一手培訓的。」

　　毛頓說：「專業培訓是十分重要的，英國承認，美國也承認了。雖然，培訓出來的人才經常被外地挖角，但亦證明世界確認香港醫療系統中的這個專科，人才的專業性。」

　　一直以來，要獲取國際專業資格，都要飛到英國考試。陳炳勳醫生說：「1964

年政府的政策，是每年只送一個人去英國考試，因為伊利沙伯醫院要建立放射及腫瘤科，需要很多人力，教授提出，破天荒地送了三個人去英國，就是我、潘若芙醫生及鄭正剛醫生。這個學位試，不少人要考多次才能通過，但我們三個一次就考到，因為考試前測中了八成題目，所以一開卷，我們三人相對而笑。」

到了 1978 年，基於何教授的地位和聲譽，皇家放射科學院院士考試（Fellowship of Royal College of Radiology，FRCR）准予在香港舉行，這是一大破格！蔡德光醫生、劉威漢醫生、謝建泉醫生等，便是當年的第一批考生。至今，香港仍是英國皇家放射醫學院唯一承認的診斷及臨床腫瘤科海外考場，亞洲其他地區的臨床腫瘤科醫生，都要來香港考試。

何教授在 1985 年從政府公立醫院退休了，轉到浸會醫院，開創放射及腫瘤科，董煜醫生說：「教授退休時，伊利沙伯醫院的同事籌款約得 100 多萬元，成立『何鴻超教育基金』繼續培訓醫生！當時仍未有醫管局，基金不分背景，醫務衞生署的醫生也可以申請到海外受訓。最初籌得 100 多萬元，現今已累積到超過 1,000 萬元。2005 年 8 月 10 日，何鴻超教授病逝，翌年何太太捐出超過 50 萬帛金，由香港防癌會成立『何鴻超教授紀念助醫計劃』，在各醫護委員努力下，成功運作（參閱第五章中〈50 萬變 3 億的奇蹟 —— 助醫計劃〉），幫助經濟困難的癌病患者，購買適合的新藥，提供直接的援助。」

世界鼻咽癌權威

何鴻超教授，是世界鼻咽癌權威，他創立的鼻咽癌「何氏分期法」，後來「國際抗癌聯盟」（Union for International Cancer Control，UICC）的癌症分期法TNM亦一直沿用。1977年入職伊利沙伯醫院放射及腫瘤科的李詠梅教授説：「何教授不只醫術高明，而且做很多學術研究，發表了很多論文和報告。」

「教授強調説：『醫學真的是科學，不是藝術，只有思想不清晰的人才會誤解，醫學需要有科學、教學的實證。』」

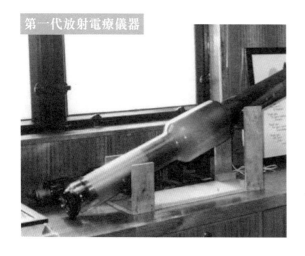
第一代放射電療儀器

劉威漢醫生説：「教授一直都很有毅力的深入民眾搜集資料，做實驗研究，特別是流行於南中國的鼻咽癌，他早在60年代末期已經致力研究，1970年找出誘因。」

何鴻超教授經常與同事行山、聯誼

很多人以為患鼻咽癌的原因，是吸入了有毒的氣體，教授認為不能「以為」，要取得真憑實據。教授很喜歡行山，毛頓説：「他經常帶我們一班同事行山、到新界遠足，毫無階級，沒有半點架子。所以，所有同事的關係都很密切，合作無間。」

創辦人「皇上」何鴻超教授

然而，教授行山也不忘工作，到新界、偏遠地區看民生，所以，他知道新界癌症病人診治期間的苦。南朗醫院位於黃竹坑，以西就是香港仔，著名的避風塘漁港，方便他探訪漁民，深入南中國各階層的家庭；他甚至去到杭州等地，訪問不吸煙的出家人，與市民交談、觀察了解。

70 年代小孩子常被餵食鹹魚

何鴻超教授探訪漁民，了解他們的飲食習慣

教授接觸了一群漁民、基層家庭，問媽媽們給孩子吃些甚麼，問孩子的飲食習慣，站着看他們煮飯。當年普遍吃醃製的食物，但臘腸、臘鴨較貴，所以少吃，最多是吃鹹魚，漁民自己可醃曬，送飯可口味美，所以會用鹹魚混飯餵給孩子。這觸發教授的靈感，在南朗醫院、伊利沙伯醫院自設的實驗室，以老鼠做實驗，發現了 Epstein-Barr Virus (EBV)「EB- 病毒」是鼻咽癌主要的誘因，又比對了發病率。

到 1971 年，更確定嬰兒如有進食鹹魚的習慣，是鼻咽癌的誘因之一，加上有 EB- 病毒，潛藏體內，會令細胞變異便病發。由於南中國居民，尤其基層及漁民，有向小兒餵食鹹魚的生活習慣，導致特別多鼻咽癌個案，故後來鼻咽癌被稱為「廣東癌」。50、60 年代，癌症的治療，主要

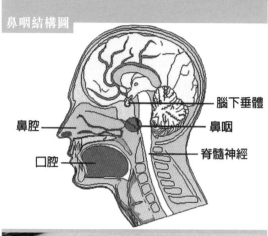

鼻咽結構圖

腦下垂體

鼻腔

鼻咽

脊髓神經

口腔

進食鹹魚有機會增加鼻咽癌風險

是以手術切除，否則等死。但鼻後咽喉的位置很難切除，而且需切除頗大範圍，不復發的機會才較大，但同時破壞性卻很大。治療的存活率很低，屬於絕症。

教授於 1975 年正式全球性的發表了很詳細的研究報告，發表了很前衛的論文，李詠梅教授説：「從鼻咽癌的誘因、診斷、治療方法，教授都有實證，清楚詳列，而且建立整套診斷和治療方案。他根據腫瘤的大小、淋巴結受影響的數目、是否有轉移跡象等，訂定一套鼻咽癌 5 個分期，醫生一看便知病情是第幾期，如何醫治。」

董煜醫生説：「教授會於 5 個部位照 X 光片，看病人的癌細胞有沒有侵蝕到頭顱骨，以確定病人屬哪一期。80 和 90 年代電腦掃瞄、磁力共振面世，取代了 X 光片，這個方法也失傳了。」

董煜醫生與何英進醫生

然而，儀器不同了，但何教授的 5 個分期及治療方法，國際公認，全球沿用，並以教授的姓命名，稱為「何氏分期」和「何氏放射治療技術」，是醫療界很大的貢獻，世界權威。教授突破性地運用放射治療，令存活率不斷提高。到了今時今日，鼻咽癌是治癒率較高的一類癌症。李詠梅教授說：「在鼻咽癌完全沒有資料的年代，一切都是教授建立的。1977 年，他在第一屆『雷加托奠基講座』(Del Regato Foundation Lecture) 上公開演講，1978 年在美國獲獎，大家都尊稱他為『老師』。」

曾在皇家放射學院院士試上，海外的考官就有關鼻咽癌治療的考題，也採用了何教授的答案。香港在癌症診斷和治療的地位，亦從此更進一步地確立。何英進醫生說：「一直以來，不論醫生和病人，只顧花錢醫病，不理癌從哪裏來，父親卻找出癌病的成因，教導大眾改變不良的習慣，尤其小孩，減少吃鹹魚，便減少發病，這是很重要的改變。」董煜醫生說：「從來不拿病人作白老鼠的何教授，就是真真實實地設法減滅病苦。」

從此，教育大眾，鼻咽癌的其中一個重要誘因，是來自長期餵小兒食鹹魚。

教授是鼻咽癌的權威，世界聞名！香港，也成為治療鼻咽癌的權威地方。當年伊利沙伯醫院何教授的秘書、現為防癌會「癌症教育小組委員會」委員劉佩驊憶述：「有一天，收到一個不尋常的郵件——殘破的空郵信封裏，盛載着非一般的物件，不規則的厚度，又夾雜了異味！我當秘書，職責所在，只好冒着生命危險拆開……原來是兩條印度沿海地區盛產的小魚乾，船民寄來請教授化驗，了解是否可以吃，希望聽取專家意見，以消除當地人對患癌的疑慮。」可見當時教授的誘因發現，及預防鼻咽癌的教育，風行各地。

1976 年入職南朗醫院的護士長潘寶珠笑說：「教授年年都講鹹魚，影響我也從

南朗醫院護士長潘寶珠及鼻咽癌康復者張佩蘭

此不吃鹹魚。」

對於鼻咽癌誘因、治療的發現，引來世界矚目。1980年，教授在吉爾伯特弗萊徹協會（Gilbert H. Fletcher Society）五週年年會中演講。1985年，接受英女王伊利沙伯二世頒授 CBE 大英帝國司令勳章。1990年獲「國際抗癌聯盟」（UICC）頒發感謝狀，他亦是美國和加拿大的放射學學院的榮譽院士，1996年，發表首個沃納亨勒紀念演講（Werner Henle's Memorial Lecture)。撰寫了多本教科書，在期刊、專欄中，發表超過150篇主筆論文。香港放射科醫學院更成立了以何教授命名的「何鴻超教授講座」。

創辦人「皇上」何鴻超教授

建立癌症資料統計中心

HONG KONG CANCER REGISTRY
香港癌症資料統計中心

網上圖片

1963 年，何鴻超教授在伊利沙伯醫院成立了香港癌症資料統計中心（Hong Kong Cancer Registry，以下簡稱統計中心），是唯一覆蓋全港人口的癌症資料統計機構；1970 年中心成為「國際腫瘤登記協會」（International Association of Cancer Registries，IACR）的成員。

統計中心是就個別癌症，開始搜集癌症分期、診斷方法及存活率資訊。透過分析這些資訊，展示本港癌症模式，隨時間變化的差異，作地域性比較、流行病學及臨床研究的基礎。「統計中心」的主要目標包括：

- 建立及維護癌症發病數字的數據庫，為規劃及評估醫療體系內的癌症服務提供統計資訊；

- 按照「世界衞生組織」轄下的國際癌症研究機構 (IARC) 的準則，維持數據的完整性、及時性及質量；

- 持續監測本地癌症發病及死亡的趨勢；

- 向公眾、醫療專業人員及研究人員提供統計資訊，用作教學及研究用途。

「並非任何國家地區，都有能力成立這種統計中心，尤其沒有電腦的年代，美國也做不到，影響深遠。」

董煜醫生説：「香港有法例規定，傳染病的數字必須向衞生署申報，非傳染的

病則沒有規定。何教授任職衞生署，可以取得病歷報告，又與私家醫院關係密切，政府和私家醫院的數字都可以取得，但私人診所及化驗所的數據，則未必能取得，是憑教授的權威聲譽、説服力，讓業界相信有用，願意將數字提供出來，否則中心無法建立。」

何英進醫生説：「這中心未必是父親憑空創造出來，只是他遊歷多、見識廣、眼界闊，他一直重視實證數據，了解建立統計中心的重要性和需要，於是爭取賽馬會資助建立中心，以很少的人力，但發揮很大的效率。」

統計中心的使命，是透過搜集、整合及驗證本港確診癌症患者的基本人口資料、癌症原發部位及組織形態學的資訊，然後統計、發佈全港癌症的發病率及死亡率。李詠梅教授説：「唯有掌握這些數據，才能掌握癌症的實況和發展，制定將來抗癌、治癌、防癌的計劃。統計中心的數據，

不但用作香港癌症的依據，同時，全球癌症研究，都必須參考統計中心的數字，作為全面研究的依據。」

高永文醫生説：「基於統計中心數據的權威性，政府近年根據資料，看見罹患大直腸癌的數字躍升，已與肺癌並列，同時，得到最具歷史的防癌會支持，公開呼籲大眾重視大直腸癌和肺癌的走勢，首次制定全港性的篩查方案，做到任何階層、性別、是否高危，所有50歲或以上的市民，皆鼓勵大腸篩查。」

香港防癌會副主席李詠梅教授

「皇上」與他的病人和學生

何鴻超教授被醫療界同輩稱為 "Emperor Ho"；又不少學生畢業後，入職教授主管的放射及腫瘤科，所以稱他為「何老闆」。謝建泉醫生說：「為何稱他 "Emperor Ho"？因為何老闆不斷『吞併』式的爭取最多資源，人力、物力、財力，建立完備的放射及腫瘤診斷、治療體系，猶如『王國』，大家稱他為『皇上』"Emperor Ho"，這對建立整個醫療專科、善用最多的方法救治病人來說，是對的！」

疼錫病人 感染全人

很疼錫病人！幾乎所有認識何教授的人，不論醫療界、學生、病人、家屬，乃至義工，都是眾所週知的！香港第一位紓緩治療的專科護師、南朗醫院的紓緩科顧問護師廖進芳，提及何教授第一句就說：「只要教授知道病人需要甚麼，甚麼能讓病人直接受惠的，他二話不說，馬上想辦法令之出現。當年南朗醫院推動紓緩服務，告訴教授需要臨床心理學家，教授馬上籌錢聘請，南朗醫院亦成為全港第一間擁有臨床心理學家的癌症醫院。」

跟隨教授的，都被教授感染：病人要

的，去找；找不到的，自己創造。毛陳超華説：「南朗醫院第一代醫務社工主任鄭姑娘，看見很多病人無法進食，便自己研發容易吞嚥的營養粥和湯，發明一套食療，讓病人補充體力。大家都很齊心，很樂意去做。」

李詠梅教授説：「教授不但言教，也是身教！他毫不吝惜自己的人脈關係，為病人籌了很多錢，投入很大的精力。防癌會的委員，無不是在奉獻自己的時間和關係，展開各項服務，直到今日。」

「病人有需要的，政府做不到的，就到處想辦法去做。」劉威漢醫生説：「教授緊張病人的『身苦』，也無微不至的照顧『心苦』。『你只餘 6 個月命』、『只剩 3 日時間』這類的説話，我從來沒有聽何教授説過。我曾經很懷疑，教授究竟是不是給病人過分的自信和希望，真的以為自己有得救？當初看見、聽見教授的做法時，我實在有保留。後來便感受到了，

他很想『身苦』的病人，心能舒服、有開心的感覺，生存一天，那天仍是活得有希望──life with hope。」

佩蘭在 80 年代，剛結婚渡蜜月回港，才 25 歲就證實患上鼻咽癌，十分震驚和沮喪！她説：「在病房裏，我真的見證了所有病人，當然包括我，就算看見何教授在病房經過，已經很開心。」

李詠梅教授印象最深刻的，是一位乳癌末期病人：「任何醫生建議她的任何方案，都不選擇，拒絕嘗試。尤其初級的醫護人員更束手無策，不知該如何面對她，明知對她説甚麼都沒有用，知道她不安，但不讓任何人開解，毫無辦法令她寬懷一點，只有教授巡房！她 180 度轉變，像在冬天裏見到太陽一樣，大家都無話可説。」

教授這股強大的魅力，不是一朝一日建立的，是他醫術真的高明，還有從心發出的愛，病人感受到的，也不是人人做得到。劉威漢醫生説：「你可以説這是教授

即使何鴻超教授工作忙碌，仍不斷與合作伙伴交流

謝建泉醫生、潘若芙醫生及朱楊珀瑜女士

的說話技巧、語氣，但我們能做得到嗎？於是，我告訴自己，作為一個醫生，任何『好』的治療方法都要學，所以，我也學習教授，如何能看完病人之後，病人會『好』點，包括身心，最少放下一些顧慮，心寬了一點。我不像教授般厲害，但會對病人說：『病讓我來分擔，交給我想辦法。』」

陳炳勳醫生說：「教授對病人是四個字：無微不至，每個新症都要經他的眼，我們看了新症，都要向他報告，舊症遇到困難，也要向他報告，每一個病人他都不想走漏眼。」

1970 年入職伊利沙伯醫院放射及腫瘤科的謝建泉醫生說：「何老闆是很高級的醫生，非常忙，但仍然可以不論何時何地，都非常溫柔。何老闆一視同仁，有錢的病人，老闆對他們很好，但很窮、最無錢的

病人，教授對他們一樣非常好。老闆一直到退休前，雖然是純看私家症，但每週仍會與普通症醫生會診，尤其對頭、頸或特別症狀的病人，由他一錘定音確定分期。甚麼是叻、棒的醫生？何教授就是！偉大、尊重所有病人，當年我是貼身跟他巡房的，很感動！」

言教身教　薪火相傳

何教授的言教身教，影響了一代又一代的學生！教授的學生，一代又一代的薪火相傳！

1959年醫學院畢業的潘若芙醫生，先

李詠梅教授師承何鴻超教授

後隨教授任職於瑪麗醫院和伊利沙伯醫院放射及腫瘤部，退休前是伊利沙伯醫院臨床腫瘤部部門主管、首席腫瘤科專科醫生。1963年見證教授成立防癌會，1984年才正式加入防癌會執行委員會，因此南朗醫院啟用初期，潘若芙醫生並不是委員，但紓緩科顧問治療護師廖進芳説：「從無間斷地在防癌會和南朗醫院看見潘醫生，她不是負責巡房的，但常來開會和支持活動，每次開會都會到病房看看。她在南朗醫院沒有職位，卻經常出現，無人不知她心繫防癌會和南朗醫院，在幕後事事出力支持。至今是防癌會的榮譽顧問，是防癌會的支柱，心到、力到、手到。」

謝建泉醫生説：「潘醫生承傳了何老闆的低調不居功，默默耕耘的作風，在大家後面當『幕後黑手』──防癌會、南朗醫院、善終服務、癌症熱線等等，都是她背後發力：物色主席、調動人選、培訓專才、組織義工，她各方叩門協商、凝聚力

量、努力推進。她是何老闆最重要的繼承者，也為癌症病人拼搏一生。」

何教授逝世後，潘醫生擔任過一年主席，之後大部分主席，如梁智鴻醫生、高永文醫生、朱楊珀瑜女士都是潘醫生邀請的。梁智鴻醫生說：「沒有潘醫生，一切都不成事。」

潘醫生說：「因為得來不易！必須珍惜及好好延續下去。何教授為了成立香港防癌會和南朗醫院，邀請了 10 位香港知名、專業、有經濟能力的人士，支持創會。然後安排學生、下屬到南朗醫院巡房，作為專業醫療的後盾，才能建立起來。」

劉威漢醫生說：「大學一年級時，下午二時吃完午飯，便上何教授的課，應該人人都打瞌睡，結果是人人都很精神的聽着課，因為內容精彩之外，還感受到教授很想教懂我們，可以一起醫治病人的熱誠。」

「我 77 年到瑪麗醫院入職的。」李詠梅教授回憶畢業後到瑪麗醫院見工時：「我問教授：『做癌症治療，你不覺得很慘嗎？』其實，這個問題問得很傻，應該是教授問我，不應是我問教授。他笑說：『不錯，癌病現在是沒有醫生可以醫好，但如果沒有醫生肯醫，就永遠都醫不好。病人靠我們，哪怕能救一、兩個，付出都是值得的！』」

何教授令學生明白，醫、患乃至病人家屬，都是緊密相扣的，李詠梅教授說：「對病人和家屬的問題，教授的回答，總是令對方滿意的。所以，教授巡房不是小事，是巡一次房，影響很大，整間病房都充滿生氣，同時發揮着醫身、醫心的作用。影響着病人，也影響着醫護人員如何對病人。這都不是教、學可以傳授的。」

大家公認是教授「契仔」、1982 年入職的董煜醫生笑說：「我入職伊院時，教授已經 66 歲了，所以，我是他的『末代』學生，他是一位很慈祥的爺爺，從來沒有

看見他黑口黑面，也沒有看見他罵人。何教授最難得的，是『真‧真誠』。當年有位醫學院同學，很年輕，患了血癌，香港未有骨髓移植，只能去英國醫，但費用龐大，大家湊錢資助他，仍欠 13 萬。前往見教授，教授二話不說，致電恒生銀行創辦人何善衡先生；何先生也二話不說，簽了支票資助他治病。可惜，兩年後那位年輕的醫生舊病復發離世。我前往見教授，將消息告訴他，頓然看見他眼泛淚光⋯⋯他與那位年輕醫生，是素未謀面的⋯⋯他真心對待每個患病的人！何善衡豎起拇指對我說：『何鴻超教授，一位大好人。』」

謝建泉醫生是何教授的第三代學生，說：「仁心仁術，何老闆是典範！真心對病人，醫術真的出色。」

毫無架子　熱愛行山

何教授修養好，有禮、溫柔，對任何人都沒有架子，因此，與任何人都沒有距離。病人覺得親近，心底的恐懼不安都肯

何鴻超教授高瞻遠矚，一直走在抗癌最前線

何鴻超教授熱愛戶外活動

「男人 40 不娶，是朋友之過」是何教授的名句。
毛頓結婚照

跟他講；學生和下屬敢於與他交流，向他討教。陳炳勳醫生説：「我們的關係很密切，我是部門的開心果，每天都聽到我的大笑聲，哪一天聽不到我的笑聲，教授就會問：『大頭（暱稱）還未回來？』」

「何教授這樣世界知名的大醫生，都跟我閒話家常的聊天。」防癌會的司機葉叔，退了休仍回防癌會當義工幫忙：「這樣的大教授，都可以到處奔波為病人，尤其照顧窮人，可以這麼無私，我為何不可以！」

何教授有個別號叫「飛車黨」，因為

太忙：身為全港放射及腫瘤治療的總指揮，「兼職」太多，港、九、海外的奔跑，時間不夠用，劉威漢醫生說：「第一次，主持放射學位試的考官來港，教授的興趣是行山和坐遊艇，那次考完試後，便開車將考官從試場『飛』到遊艇碼頭，考官下車時腿都軟了，頻呼：『好驚，心跳！』」

梁智鴻醫生說：「教授不需這樣拼搏的，他是公立醫院醫生，病人付的醫藥費並不是入他的袋。」

李詠梅教授說：「教授的家族有錢、有名望，沒有人逼他，一切都是源自他對病人的疼愛。他散發出攝人的氣派、魄力和魅力，令大家都認為與他一起拼搏，是一份榮譽。只有這樣的人，才能推動醫療，推動社會。」教授一生所做的，都是貢獻、影響都非常深遠的。

Emperor Extraordinaire 的作者 Mr. Vernon Ram 這樣描述何教授：「無人能替代他敏銳的分析和成就，他也像德蘭修女一樣，讓病人感受到他的愛，他曾屈膝為臨終病人祈禱，他是影響本世紀的好醫生。」

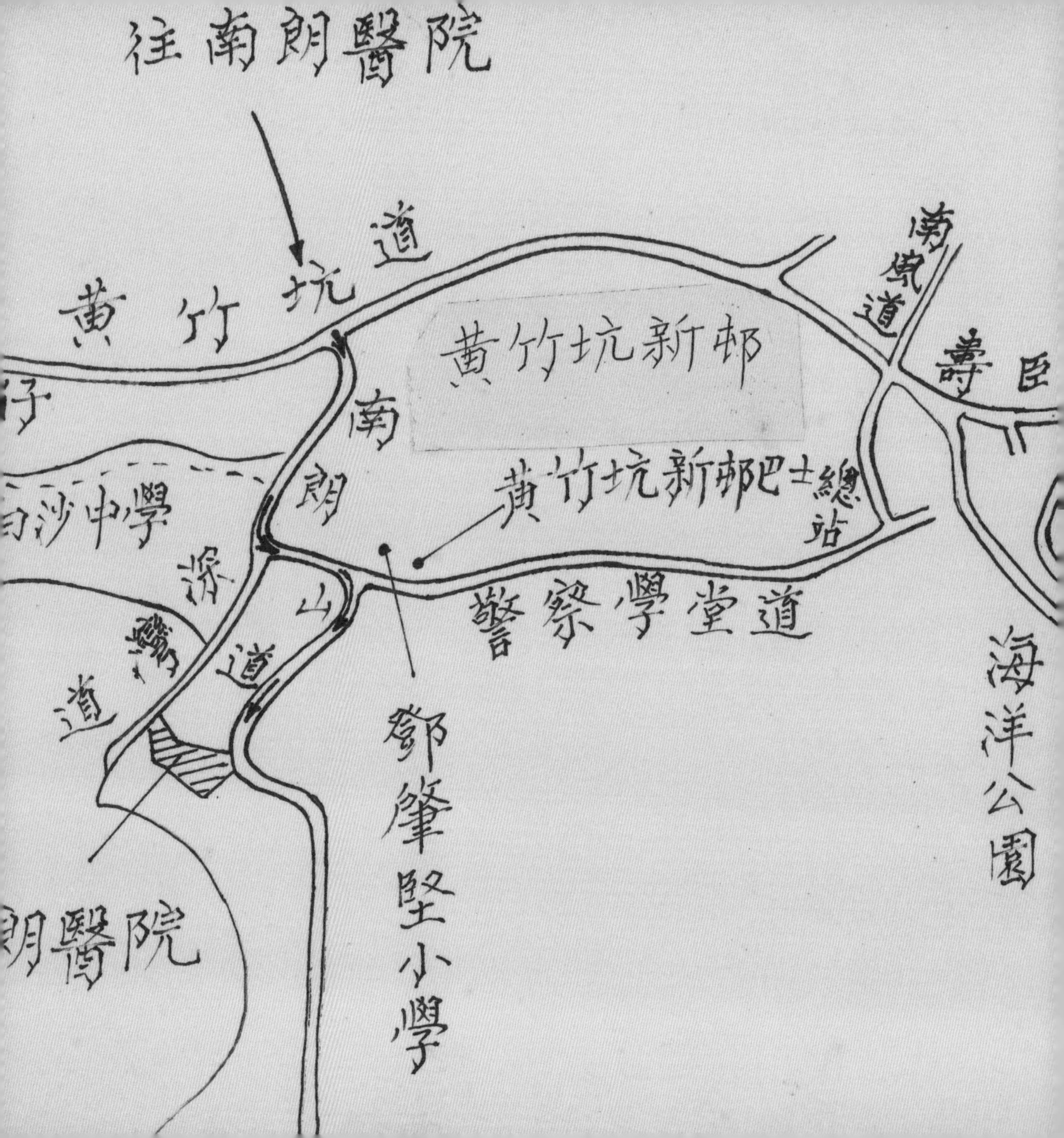

往南朗醫院

黃竹坑道

黃竹坑新邨

南朗道

南風道

壽臣

黃竹坑新邨巴士總站

白沙中學

深山道

警察學堂道

海洋公園

鄧肇堅小學

朗醫院

全港第一個
非牟利癌症機構

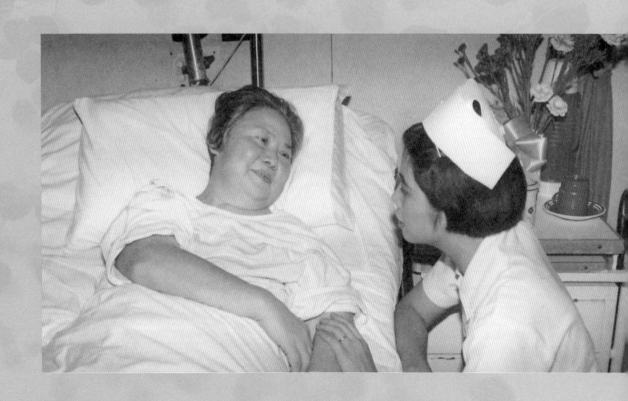

1963 年，是香港癌症治療重要的歷史里程碑！

全港放射及腫瘤治療總指揮何鴻超教授，在 1963 年作了一個很重要的決定，成立全港第一個非牟利癌症機構香港防癌會（The Hong Kong Anti-Cancer Society，HKACS），列出四個很前衛的目的：

1. To promote, co-ordinate and undertake activities against cancer;

    推動、統籌，以及從事抗癌活動；

2. To promote, co-ordinate and undertake activities against sufferers and their dependents;

    推動、統籌，以及從事癌病患者及家屬對抗癌病的工作；

3. To build, establish, maintain, manage or operate cancer hospitals, sanatoria, nursing homes, clinics, dispensaries, laboratories, research units and hostels for the benefit of cancer patients;

    為癌病患者的福祉建造、創建、保養、管理或營運癌病醫院、療養院、護養院、診所、藥房、實驗室、研究部門和宿舍；

4. To raise money by subscription or other lawful means for the purpose of the above objects.

    透過捐款或其他合法途徑籌集資金以實踐上述目標。

這四項目的，清楚可見香港防癌會的突破性、前瞻性、使命性的決心和宗旨，締造這個歷史的 10 位首屆創會執行委員會委員是：

何鴻超教授（創會主席）
Professor Ho Hung Chiu, John

胡惠德醫生 Dr. Arthur Woo

曹載熹醫生 Dr. CH Tsao

班咸女士 Miss MEH Benham

蘇愛理醫生（義務秘書）
Dr. Olive G Sturton

蘇達立醫生 Dr. SD Sturton

蔣法賢醫生 Dr. FI Tseung

潘婉惠女士 Miss Elaine Poon

關祖堯爵士 The Hon. Sir Kwan Cho Yiu

高登爵士 The Hon. Sir Sidney Gordon

從 1964 年至今，香港防癌會歷任主席的有七位：

1. 何鴻超教授 1964 年 10 月 – 1999 年 12 月

2. 潘若芙醫生 1999 年 12 月 – 2000 年 12 月

3. 梁智鴻醫生 2000 年 12 月 – 2002 年 12 月

4. 梁定邦醫生 2002 年 12 月 – 2004 年 12 月

5. 高永文醫生 2004 年 12 月 – 2012 年 6 月

6. 李詠梅教授 2012 年 7 月 – 2012 年 10 月

7. 朱楊珀瑜女士 2012 年 10 月 – 現在

全港第一個非牟利癌症機構

香港防癌會舉行年度會議

南朗醫院舊貌

肩負巨大的歷史性使命

從香港防癌會四大目標看到，何鴻超教授強調要為抗癌、苦痛中的病人和家屬，籌款提供醫院、住院、藥物、診所、研究等種種服務，在香港經濟初起飛的 60 年代，絕不容易，相信除了何鴻超教授之外，無人能肩負這個使命。

梁智鴻醫生說：「何教授有理念，他出生於顯赫世家，善用家族背景，去做政府做不到的事，在當時比較保守的社會裏，

何鴻超教授出席國際抗癌聯盟於香港舉辦的鼻咽癌工作坊

南朗醫院院車主要接載病人到醫院覆診

不是任何人都做得到的。」從無到有，李詠梅教授形容說：「是很巨大的歷史性使命！」

1964 年 10 月終於註冊成功，香港防癌會正式成立，向政府申請建院用地，政府批出南朗山道 30 號建院，正式定名南朗醫院（Nam Long Hospital）。同年，防癌會加入了國際抗癌聯盟（UICC），是香港第一個加入國際代表性組織的癌症機構，

奠定了防癌會的權威性。

早期防癌會的會務，大部分由收取月費的核數師公司負責，香港防癌會的辦公室於 1985 年 6 月正式設在醫院的一角，當時只有 3 位職員。1966 年防癌會籌得 265 萬元，梁智鴻醫生說：「在 60 年代，200 多萬元是很多錢的了，可以建醫院。」

南朗醫院終於在 1967 年落成啟用，是防癌會的一大里程碑。

為癌症病人籌建醫院——南朗醫院

為癌症病人籌建醫院的第一人

在癌症是絕症、癌症病人無處容身、無人照顧的 60 年代，何鴻超教授的所有心神，都投放在設法令一切改變！

1963 年何教授創辦了全港第一間非牟利癌症機構香港防癌會，毛頓說：「當時防癌會成立的重要目的，是要為癌症病人籌建醫院，蓋一個有人照顧的『家』，尤其末期病人。」

1964 年「香港防癌會」註冊成功之後，即向政府申請建院用地，醫院初期名為香港癌病醫院（The Hong Kong Anti-Cancer Hospital），政府批准將黃竹坑南朗山道 30 號地段租予防癌會建院，後易名為南朗醫院（Nam Long Hospital，NLH）。

在陳南昌先生，即陳兆麟醫生的父親，深水埗南昌街以之命名，及何善衡長女，老洪鈞夫人何慶華女士率先資助下，全力發動建院籌款運動。粵劇義演首先舉行，

籌得善款超過 130 萬元，到了 1966 年共籌得 265 萬元，足夠建醫院了，馬上動工！何英進醫生說：「醫院是父親何鴻超教授四出奔走、一分一毫眾志成城籌回來的，而且親自督工，常帶着我巡視地盤。」

毛頓說：「教授不是建築師，但整間醫院，都是教授的設計，符合照顧癌症病人規格的建築。」

在南朗醫院籌建期間，1965 年得到 Oxfam 的捐助，又在港島域多利皇后道建立了一個臨時宿舍，有 10 多個床位，毛頓說：「宿舍讓正在電療、又居住於偏遠新界的病人暫住，渡過最辛苦的時刻，每位病人約住 3 個星期。宿舍沒有專業的醫療服務，教授每星期一天派醫生去看病人。」

潘若芙醫生說：「我也曾到中環一棟幾層樓的小屋巡房。」

毛陳超華，是 60 年代瑪麗醫院的醫務社工說：「我天天都打電話給廣華醫院，問有沒有床位，教授也會派醫生到廣華醫

院巡房。何教授給我最深刻的印象，就是一心一意為病人。」

潘若芙醫生說：「籌建時期最艱難的是，既要取得政府的支持，又要各方奔走，結集凝聚有心、有財、有力的人支持，南朗醫院來之不易。」

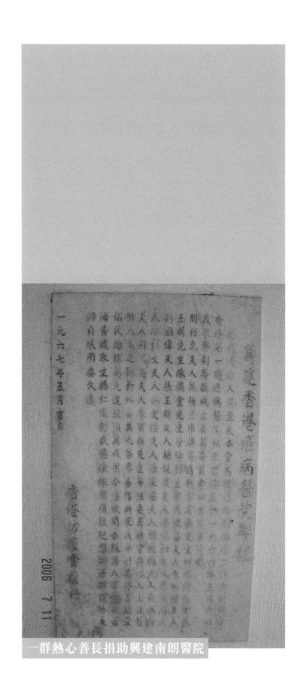

一群熱心善長捐助興建南朗醫院

從 8 張病床到高峰時的 200 張病床

1967 年 5 月 5 日，南朗醫院——全香港第一間癌症醫院誕生，最初主要是接收瑪麗醫院轉介的末期病人。董煜醫生說：

「雖然南朗醫院沒有手術、電療、化療設備，主要給末期病人護理、紓緩的醫院。然而，在癌症病人病床嚴重缺乏的當年，無家可歸的末期癌症病人，有一個由何鴻超教授把關、有車接駁到瑪麗醫院接受治療、有專業的醫護人員照顧、家屬放

何鴻超教授與時任南朗醫院院長探訪病人

心來陪伴病人、有問題有人協助解決的『家』！當年癌症是絕症，基本上患病的都是末期病人，所以，基本上都需要這個家。」

南朗醫院落成啟用，共 120 張病床，全港最多，男、女病人各 60 張。最初全院員工只有 30 多位，任何癌症的病人，都可以申請入住，依當時公立醫院收費。

董煜醫生說：「當時病人住院沒有嚴格限制，有些覺得好一點想回家，只要醫護人員批准就可以回家，醫院有家居照顧的指引和幫助，惡化又可以再申請回來。」

李詠梅教授說：「臨終，是病人最重要的一段日子，南朗醫院會將病人的痛苦減到最低，有生活質素、平靜、有尊嚴、有照顧的離去。」不再是自生自滅。

初建成時，雖然簡樸，但要有的都有，醫生、護士、24 小時駐院醫護人員、接送往電療的專車、藥房、藥劑師、殮房、休閒空間、花園，還有專為病人不同症狀

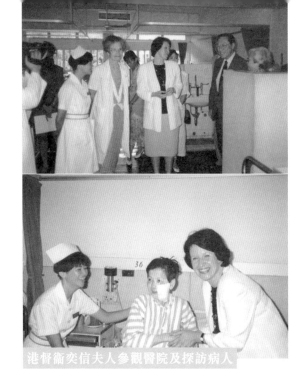

港督衛奕信夫人參觀醫院及探訪病人

今日，已經發展到公、私營醫院共有11間設有放射及腫瘤科，另有1間公立醫院——聯合醫院設有腫瘤科，計劃加開放射科，分佈全港九、新界。且回顧52年前，香港的第一間癌症醫院，如何建立絕不容易、光輝燦爛的36年！

設計的膳食。之後不斷迅速發展，10年後1976年床位遞增至150張，至1977年180張。1987年展開，至今仍是歷史上全港規模最大的善終服務，全面照顧病人的身、心、社、靈，不斷擴大。

南朗醫院運作36年，1991年由醫院管理局接管，2003年結束。由護理癌症病人到善終服務，南朗醫院都是一個典範，是香港醫療史上一個重大的轉捩點！

NEW TOWER BLOCK
新塔樓（前景）

南朗醫院外貌

還南朗醫院應有的價值和地位

南朗醫院（簡稱南朗）最出名的，是被稱為「有入無出」的醫院。事實上，為何會有入無出？因為南朗醫院接收了症狀最嚴重、最貧困、醫院無法接收、家人無法照顧的末期癌症病人。他們本來在不同醫院、強制在家、自搭鐵皮屋自生自滅。當年癌症是絕症，病人不論在哪，都是有入無出的。唯有南朗醫院，不忌諱死亡率，一力承擔沒有醫院、沒有人願意負責的重擔，給予專業的醫護照顧，乃至全人身、心、社、靈的善終服務照顧，陪着病人走，陪着病人死。如顧問醫生沈茂光醫生說：

一位英國籍病人，獨自生活在香港，說：
I'm Alone, But I'm Not Lonely

「本來就是一間功德無量的醫院！」

可是，反過來給予大眾謬誤的印象，沈茂光醫生笑說：「只怪我們忙於照顧病人，不顧形象，不懂宣傳。」

不知不覺間，南朗醫院已經享「負」盛名，沈茂光醫生回憶說：「親友要來探病，會被旁人警告：『你要打齊防疫針，才好踏進醫院』。有人甫離開醫院門口，便馬上吐痰，彷彿要將在醫院吸入的『霉氣毒氣』都吐出來，還馬上回家用碌柚葉洗澡。」本來醫院下面有棟私樓南朗大廈，一直跌價，改了名才賣得出。

南朗精神

「初來的時候，飯都不願在醫院吃。」文員助理兼司機葉叔說：「有一次接載病人，剛從瑪麗醫院下來就打包了，納悶得很。所以，就算晚了下班，餓着肚都要回家吃飯，不想留在醫院。後來，看見何教授，他堂堂一位教授，對病人好得很，十分愛錫，甚麼都落手落腳做。病人有甚麼

問題，醫院由高級到初級的醫護人員，一起想辦法去解決。病人想吃雲吞麵，誰有時間就誰去買，大夥兒就像一家人一樣，於是問自己：『我是誰了？他們都可以，為何我不可以？』瑪麗醫院放射腫瘤科的主管邱建江醫生來巡房時，為病人檢查後，隨即用手托眼鏡，沒有半點猶豫及顧忌，不會馬上去洗手讓病人感到被厭惡。何教授晚年盤骨不好，來開會不讓我扶他下車，自己撐着行，因為不想被病人看見而失卻信心。潘醫生在醫院下班之後，便從老遠跑過來開會。她是義工，我是有薪酬的，是否應該做得更好？不久，我便為自己有份為病人出力而感到光榮，投入盡力去做，不但常在醫院吃飯，還天天開車接送廚師張泉到街市買新鮮材料，做飯餸給大家吃。」謝建泉醫生說：「買雲吞麵、橙汁，是很常見的事，不足為奇。記得有一天，有位病人說要飲蔗汁，偏僻的南朗山道，要去哪裏買蔗汁？義工們一樣二話不說，找到為止！」

當病人需要時，醫護人員便會貼心提供

初期的南朗醫院，沒有人肯來，後來想來工作或幫忙，也沒有空位了，義工阿娟說：「第一天去當義工，朋友便勸我，頂不住便馬上出來。我戰戰兢兢的步入醫院，準備看見『牛頭馬面』。誰知，整間醫院滿是漂亮的植物，寬敞清潔，出來迎接我的，是一位笑得像天使的護士！」大家以為南朗一定是死氣沉沉，其實充滿歡樂，病人與醫護人員、各級員工打成一片，像一個家。聊天、打麻雀、唱歌、旅行，令病人開心的，大家就去做，職員之間無分彼此，感情很深厚。

醫護人員在聖誕節唱聖詩、報佳音。（左三）廖進芳姑娘

第一任院長楊元榮醫生，為了減除病人和家人的恐懼，在所有空地上，種植各種各類的花草樹木。因為空氣好，植物都長得很美麗，還在好幾年的花展中，名列前茅。前配藥員蕭麗珍曾撰文記述：「記得有一年，花王所種的芍藥花，直徑達15吋，吸引了很多慕名而來的賞花遊人，假日人更多，非常熱鬧，為醫院增添了生氣和溫暖，南朗醫院更贏得『香港瑞士花園』的雅號！」廖進芳說：「我想，在全世界都很難找一間這樣的醫院，人人都擁有一股『南朗精神』。」

南朗醫院更像一個家，病人是「一家之主」，就算醫不好，也要讓病人和家屬都沒有遺憾的離去，沈茂光醫生印象最深刻的是這位病人：「一位患腸癌的女病人對護士說：『我想游泳！』原來，她患病前天天游早泳，病發後下肢不能活動、失禁，但很想在離世前再游泳一次。好！收到！大家自動自覺，分頭行事，約好麥理浩復康院的水療游泳池；行事前一天，姑娘便替她『清倉』，處理好大小二便。翌日，整個病房都知道她要去游水，大家都緊張和興奮，陪她『嚴陣以待』——去游泳！時間到了，姑娘合力『夾』她到游泳池。其實游不到的，只是物理治療師用儀

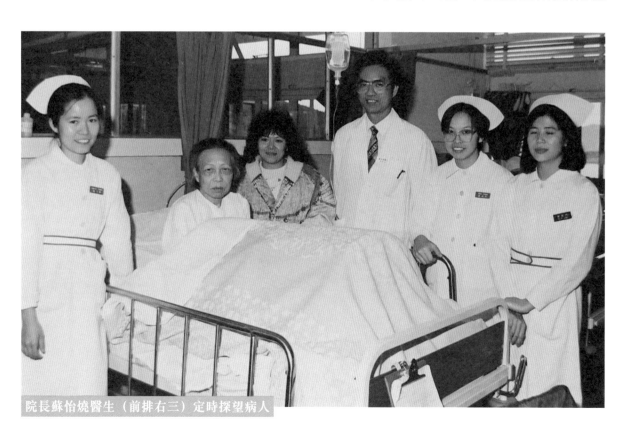

院長蘇怡燒醫生（前排右三）定時探望病人

器幫她浸水，終於安全完成，她超級開心！但最開心的，卻原來是物理治療師好靚仔！她足足說了9天。」這9天，是她人生中最開心的日子，然後，沒有遺憾的離開了！

謝建泉醫生印象最深刻的，是令病人生死兩相安：「有位老伯危在旦夕，最後的心願，是能見兒子最後一面，但他的兒子正在坐牢！我們立即申請犯人外出，來到醫院了，警察「押」着他來，手和腳都戴上鐵鍊；我想，伯伯看見兒子這樣，一定傷心而逝，不是善終。我向警察求情，願意與他們一起守在門外，擔保萬一出事，我一力承擔。當時，醫生是很權威的，令警察有信心，就答應了；兒子看着我這個醫生，為了能讓自己見父親，向警察求情，保證不會逃走，脫下鐵鍊，進病房看老父，父子重逢，『完好』的兒子令老父釋懷而逝，兒子也為自己能盡最後的孝道而感動，我也很欣慰可以成全這件人生美事。」

南朗醫院雖然沒有手術室、放射儀器，需與瑪麗醫院掛勾；但醫護人員都是在何鴻超教授直接指導下培訓的，教授派來醫院的，都是最有份量的精英。最早的邱建江醫生，1983年有腫瘤專科醫生蔡德江醫生負責巡房，謝建泉醫生是香港善終服務的先鋒，岑信棠醫生是腫瘤科高材生。謝建泉醫生建議聘請胸肺及紓緩專科醫生沈茂光醫生當顧問醫生，合作推動善終服務。最專業的巡房，確保對病人的照顧沒有遺漏。

當初只收瑪麗醫院轉來的病人，後來伊利沙伯醫院、屯門醫院轉來的病人都收。病人和家屬，都對醫院有信心，無後顧之憂的渡過人生最艱難的日子。廖進芳說：「有一位很年輕的血癌女病人，瑪麗醫院轉來的，只有30多歲，不服要入住『臭名遠播』的南朗醫院，媽媽也天天說要轉到另一間醫院。因為血病容易感染，我們讓她入住單人房。費用較高的單人房，本來

就不能讓她久住的，既然病人和家人都嚷
着要走，就安排她們轉院。誰知，她們原
來已經愛上了南朗，願意付費住下去，直
到離世。這是一個很經典的例子，對南朗
從偏見到不肯離開。」這就是南朗醫院的
真實面貌，在香港醫療醫院史上難能可貴。

南朗醫院！

南朗醫院定期舉辦感恩日

為癌症病人籌建醫院──南朗醫院

獨一無二，一個都不能少

一間專門醫護癌症病人的醫院，是如何成就的？

「南朗醫院的出現，在香港是空前的，直到現在，相信仍無可取代。」當年的顧問醫生沈茂光說：「整個醫護團隊，只要有一員罵病人，整個服務都『玩完』！末期癌症病人是最難照顧的，能夠照顧到、照顧得好，必須上下一心！無分高級和低級，一個都不能少。」

（左）沈茂光醫生

她們是貼身照顧病人的，如餵飯、換尿片，都是靠她們，只要有一個人罵病人，對病人態度差，其他人都很難做下去——因為不論如何再安慰病人，都無法挽回所有病人的心情。沈茂光醫生說：「整個團隊，任何位置的員工，都要有那份發自內心、錫病人的心，真感情，像一個小康之家，擠在同一屋簷下，與病人同甘共苦。南朗醫院位置偏僻，遇颱風雷暴，大家都留守在宿舍，互相支持照應，是個十分溫暖的家，不疼錫病人沒得做！」

70 年代入職的護士長潘寶珠說：「醫院初期只有 30 位員工，包括 1 位醫生，17 位護士，1 個病房 8 位護士 3 更，照顧 120 位末期癌症病人。鍾慧清修女同時兼任南朗醫院和寶血醫院的護士長，但每位同事的效率都非常高，以一敵三。」

「不疼錫病人無得做，不疼錫同事，也無得做的，每個人每天都面對心情不好的末期癌症病人，必須憑心力互相支援。」

沈茂光醫生說：「有同事來哭，便由得他們哭！面對末期病人，誰的心不痛？大家不生厭惡心，已經很難得；自己情緒出現問題，不可能向病人發洩，我們要讓大家發洩。」

配藥員蕭麗珍所寫的文章記述：「潘秀民醫生，是一位典型忠於工作、熱愛病人的醫生，不久更晉升為副院長職位。醫院初期只有兩位全職駐診醫生。有一次，另一位醫生患高血壓病需請假休息，潘醫生便獨力負責全院駐診工作（24 小時當值），工作之沉重可想而知。到那位醫生復元回院上班，潘醫生卻因過勞而病倒，同樣患上高血壓病，需要入院休息。當同事們往探望時，他還感到歉意，覺得自己耽誤醫院的運作，要別的同事分擔他的工作。潘醫生敬業樂業的精神，實在令我佩服。而院方也正視這個不健全的醫生值班制度，向有關部門申請增加醫生職位，結果很快便獲批准。」

配藥員蕭麗珍經歷了楊院長、潘副院長、韋院長三個年代，因為整間醫院只有她一位配藥員，於是她工作超過 10 年從沒有放過假。

80 年代入職的護士長蔡基欣，回憶 90 年代某天，發生了一件不尋常的事：「這天清晨 6 時，護士同事慌忙來說：剛在殮房的 4 層架前，幫一位男死者落架時，一不留神，落架時失手，令屍體的右臉脫了皮！」

這件 20 年前的事，蔡姑娘記憶猶新：「那位護士糾結了好一會，不知如何是好，結果還是決定來告訴我。我也很糾結，頓時也不知如何是好，只知道，一定要支援這位同事，好好的處理整件事。很不舒服！該怎麼辦？要告訴家人嗎？如何開口講？為了想辦法，我來回了殮房最少 20 次，曾想設法修復，但無法修復。唯有跟馮順益院長說了，他毫不猶豫，馬上告訴死者家人，表示自己願意承擔這件事。他自掏腰

包，付利是給遺體化妝師修補。唯家人仍然不能釋懷，我們便寫了道歉信，讓家人燒給死者，終於合力圓滿的解決了這件大事。一份不容易做的工，需要上下支援，不讓任何人獨力面對。」

寶珠説：「每天我都會穿得美美的上班，衣服是套裝的、亮麗顏色的配襯，每天先經過病房才換衫，病人和同事每天都眼前一亮，讓大家 Cheer up！」

南朗醫院每次裝修，都必定會美化殮房。2000 年裝修之後，殮房完全不像殮房：光亮寬敞，潔淨安寧，還增添了大缸金魚，生氣勃勃。不讓病人走最後一程時愁雲慘霧，也不讓殮房的同事，在愁雲慘霧的環境工作。當年《東方日報》記者來採訪，在殮房裏問：「這是甚麼地方？」，他以為是院長辦公室！殮房的同事階哥很自豪：「我的辦公室，是全院最美的地方。」同年，增設了「惜別軒」，可以舉行任何宗教的儀式，安靜、有家的感覺，與親友道別。

「南朗精神，在 1998 年病房大裝修徹底體現。當時整間醫院的服務，連同醫護人員及病人，全搬到東區醫院，實在是史無前例的搬遷大行動。」蔡基欣説：「要搬！竟然沒有一個人有異議、反對、有意見！完全反映病人、家屬，對醫院、醫護人員絕對信任！本希望原區暫住，但沒有床位，唯有從最南搬到最東，暫搬到東區醫院。超過 300 人的大搬遷，一定要在兩天內完全搬妥，調動全港 20 架非緊急救護車，整晚兩邊來回開車，病人有臥的，有可以坐的。竟然，如期完成！人、物、儀器、藥物，無一遺漏，堪稱醫療史上一項紀錄！直到 2000 年，大裝修完成搬回來時，一天就搬妥，因為已經有經驗了。太偉大了！能夠做得到，完全是因為醫患長期共融，『你説如何就如何，相信你們！』能夠以高效率做好這件事，又是一個都不能少。經過這次之後，以後甚麼事都只是

小事一樁！」

　　「為何能夠出現這間奇葩醫院？」南朗同事們異口同聲說，是因為何鴻超教授 "Let You Do Everything"：「何教授放手讓大家去做，信任大家；所以各級同事能夠盡情發揮，放心去做。南朗精神，醫護精神！」

潘若芙醫生、何鴻超教授、毛頓先生

全人照顧・善終服務

善終服務又名紓緩服務、寧養服務。香港防癌會在 1984 年已經推動善終服務，潘若芙醫生邀請謝建泉醫生，代表防癌會主持由博愛會及義務工作發展局合辦的研討會「善終服務——對罹患世紀絕症人士之全面照顧」。

1987 年善終服務開始

1986 年與半島青年商會合作，為善終服務舉辦步行籌款，1987 年獲得香港賽馬會（慈善）有限公司捐助，正式展開。南朗醫院的善終服務實踐了 16 年，直至 2003 年醫院結束，病床達 98 張，至今仍是全港規模最大、最完備的醫院病床式善終服務範例，謝建泉醫生説：「98 張病床，其實是超出標準的，但仍然做得非常好！」

善終服務為何重要？

為何需要善終服務？ 1984 年的善終服務研討會，講者有來自英國的韓立德醫生 Dr. J.F. Hanratty。研討會引用了紐約聖雲仙醫院的資料：「既非單指一個地方，亦非指治療的過程，而是對罹患絕症而瀕臨死亡的人，所給予的誠摯照顧。關心病人的人，共同合作，使病人的最後時光更舒適、更少焦慮。一起獻身，為達致善終服務的理想而努力，義務人員、護士、神職人員、醫生、社會工作人員、輔導人員、營養師、治療師等與病人及其家人合作，供給身體、情緒、靈性、社交及經濟等各方面的需要——單靠個人的力量，是無法成功的！」

善終服務為何重要？先看《南朗醫院 25 週年特刊》裏，參與善終服務的護士連

參與善終服務研究會

枝寫的文章〈十年中片段〉（節錄）：

　　病者對醫院陌生、心情錯綜複雜、對疾病產生疑惑、因癌病影響容貌、對失去尊嚴深感不安、對身體痛楚顧慮重重、更恐怕會傳染別人；因而對家人關注失卻信心，又在死亡威脅下，難以得償所願。正如歐陽修說：「百憂感其心，萬事勞其形。」每個人都有自己心底的感受，甚至親人亦未必清楚，一個人到這地步，死亡對他並不重要。

　　所以我接觸她（一位中年女病人）時，她第一句便說：「姑娘，我願意死去！」她表情冷漠，可以對人不瞅不睬一個星期，

病者入院時不接受現實，對人間添了一份怨恨。要怎樣化解和誘導他們找尋生命意義呢？於是我設法了解病者的家庭背景、童年烙印，因為過去的一切都有無形影響，我覺得一定要潛移默化，觸動她的真情。

　　不止一次，我輕撫着她的手，給她和藹可親的感覺，語氣表現自然，我說：「你住院已數日，睡眠習慣了嗎？你吃過早餐沒有？我是姑娘，有甚麼可以幫到你？」隨着話語與動作配合起來：「你腰痛，我幫你轉身過來。」床邊關心是最直接的，能使她舒服些。我認真地幫她轉過身來後，我便坐下來。她的回應不是「我願意死去」，竟不等我再開口便說：「姑娘，你像我的大家姐般慈祥。」

　　跟着，她竟然毫無保留地，與我分享一段童年遭遇。當年她僅 10 歲，因戰亂全家失散，伶仃孤苦，漂泊異鄉，一個偶然機會，在同鄉協助下，重逢大家姐，她絕處逢生，在大家姐身上得到母愛。她 15

歲那年，家姐要結婚，不久又去世；為了生存，放棄學業。前途既困難又坎坷。經歷不少滄桑，浮生如夢！今年54歲，眷戀身旁的一切，此生最遺憾，是與老伴不能同偕終老！

我看見一位暮年阿伯，甚麼事也不願做，守着一個容顏不再、身心盡殘、曾共同生活30年的垂危老妻，阿伯像處身孤島，他竟對我說：「如果疾病能由別人代替的話，我願意代替病者！」詩人白居易云：「天長地久有時盡，此恨綿綿無絕期。」病者會感覺到，誰陪着她渡過這段難熬的日子，她更意識到擁有時不知珍惜！分離一刻才覺可貴，後悔當年彼此有過分歧。

病者便對女兒說：「你們不要對身邊丈夫任性，最後才知道誰倚靠誰。」病者還有一種心態：兒子已成長且有自己的事業，女兒亦有二人世界，每日要浪費許多時間來探病。雖然慶幸自己不是「久病床前無孝子」，但覺得探病是為子女帶來負累，會懷疑子女是否覺得自己已沒有用處。其實，全家人都很疼愛她。

我啟發她說：「你應給子女一個報答的機會。」女兒說：「媽媽付出很多，辛苦了許多年，希望她舒服過日子。」並真摯地對母親說聲「感謝」，病者感到自己有價值。這場面十分不尋常，流露出人間的真情愛意，也是她此生最大的安慰，我亦有點動容。

「治病不只需要醫、藥、儀器，更需要人！」謝建泉醫生分享他投入善終服務的心路歷程：「1970年畢業後，在伊利沙伯醫院的腫瘤科工作，天天面對的，都是癌症病人，我很用心治療病人，但治療之後又復發，甚至轉移、死亡，怎麼也救不了，我便不斷問自己：『我把病人照顧得這麼好，為何他們仍是死？是否我做錯了甚麼？做少了甚麼病人才會死？』一直以為是自己的問題。」

1974年，何鴻超教授推薦謝醫生到英

謝建泉醫生積極推動癌症教育工作

國考專業試，同時到英國治療癌症的頂級醫院裏看。醫院裏全是著名的癌病專家，卻原來病人的死亡率與香港差不多。而鼻咽癌如何治療，還要問鼻咽癌權威何鴻超教授的學生——即謝醫生本人。

謝醫生馬上將從前錯誤的觀念糾正：「醫學不是無限『叻』的，不是無敵的，那是癌病！」馬上豁然開朗，頓然明白：能夠治癒當然好，但令病人痛苦減到最低，再進一步讓病人在逝世前，身、心、社、靈，全人都照顧好，安然離世，是更重要的。

他說：「病人疼痛、嘔吐、肌肉潰瘍

的症狀減少了，身體生理舒服了，醫生只是幫助病人開心了 1/3；如果病人的恐懼、消沉、無望、不敢回家、與家人疏遠等的問題，都能幫得到，便 100% 開心，是最大的滿足。」

善終服務實踐非常困難，謝建泉醫生說：「善終服務最需要的，是人，有心人！卻是最難得而且可貴的。而人之中，醫生不是最重要的，而是整個有心人的醫護團

南朗醫院三十周年誌慶

隊才重要！實在難上加難，所以，能夠做到善終服務已經不容易，做得好更困難。南朗醫院的善終服務，從 20 張病床，一直發展到 98 張病床，而且做得非常好，是一個奇蹟；這是因為南朗醫院的團隊，早已練成上下一心。」香港 90 年代才全面發展善終服務，但南朗醫院在 80 年代已經做到了，是一個先鋒，至今仍是一個範例。

善終服務開始了，全港規模最大

南朗醫院的善終服務，又名紓緩服務，在 1987 年正式展開了！

建立了十分健全的團隊，擁有放射、腫瘤、紓緩專科的顧問醫生、護士、護師、駐院醫生和護士、臨床心理學家、醫務社工、物理治療師、職業治療師、健康服務助理、配藥員、藥劑師、三大宗教神職人員、接送病人治療的專車、義工組織等共數十人。

還有門診——兩個在紓緩意義上別具意義的門診，何鴻超教授説：「一個門診，是給出院後需要定期覆診的病人；另一個門診，是為懷疑患上癌病的市民，提供醫療服務而設。」1988 年，可能又是另一個香港第一，就是芳艷芬和李曾超群建立的群芳慈善基金會，捐贈了三層病房的冷氣，對長期臥床、受癌病苦楚的病人來説，是重要的轉捩點。

「甚麼是為病人好，團隊告訴教授需要甚麼，何教授和防癌會就設法給甚麼。」香港第一位紓緩科護士及紓緩科顧問護師、1985 年入職南朗醫院的廖進芳，於

群芳慈善基金會，捐贈了三層病房的冷氣
（左一）李曾超群女士、（左二）芳艷芬女士

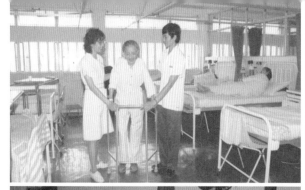
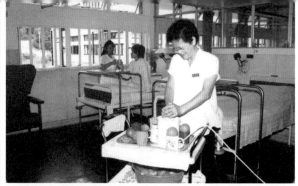

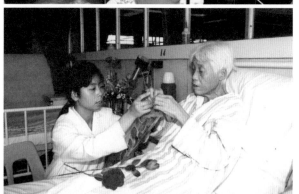

醫院設有冷氣及暖氣等各項設施，
以及不同的康樂活動

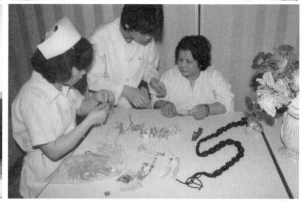

1984 年到英國流浪，曾在一間有癌症病人的院舍當義工，回港之後，便選擇在南朗醫院工作。

南朗醫院全力推動善終服務，需要紓緩的專科護理人才，廖進芳說：「最直接的，就是培訓自己的護士。1987 年，防癌會資助我到英國攻讀紓緩科護理，同時，參觀不同的院舍。」事實上，何教授和防癌會資助了不少醫護人員到英國讀書和參觀：70 年代謝建泉醫生、80 年代醫務社工區月華姑娘、腫瘤科護士關婉薇、90 年代哀傷輔導關沛恩。還聘請了臨床心理學家陳何文韻，政府並不資助的，由何教授和防癌會自己籌款聘請。

謝建泉醫生說：「做紓緩服務，不能沒有紓緩的專科醫生。」便也聘請了紓緩科的沈茂光醫生，為的是真正做好善終服務，給病人和家屬全人照顧。

團隊的最高境界，是箇中的人，不分級別，各自都發揮到不同作用，廖進芳說：

玲姐 (右) 籌辦「玲姐大排檔」，每天為院友送上不同小吃

「『玲姐大排檔』是我們團隊的金漆招牌，大排檔的持牌人是醫院的二級工人玲姐。當時的醫務社工為了『活化』每天的點心時間，幫玲姐弄個流動點心檔出來，推着她的大排檔，來到病人面前，任他們選擇，熱騰騰的腸粉、燒賣、叉燒包……她對病人好到『加零一』，服侍週到。她的手是長期工傷的，因為經常幫病人『篤』檸檬

茶的檸檬，但仍堅持每天早上去買兩大袋方包挽回來。問她為何不訂購麵包，她說：『病人不能吃隔夜、隔天的麵包，不介意天天買回來。』」

蔡基欣說：「善終服務的團隊精神，令我作為其中一份子，感到自豪。而做到凝聚團隊精神的集體會議，同樣令我自豪！團隊會議每星期一次，最特別的，是各級都參與，但又無分階級。醫生、護士、職業治療、物理治療、社工、『姐姐』健康服務助理、義工，通通有份參與，大家都重要，何教授沒有架子，我們也沒有人『擺款』。在 80 年代，相信我們是第一間醫院有定期的團隊會議，造就了南朗的團隊精神。」

寶珠說：「團隊會議，人人都根據病人紀錄去討論溝通。教授重視病人資料，我們也認同病人紀錄重要，沒有規定強逼大家做，但個個都自動去做。」

三大宗教　盡在南朗醫院

「這是一間天天出現奇景的醫院。」葉叔說：「每層病房，經常都能看見修女、院牧、出家人行來行去。」

南朗醫院初期的護理工作，都是修女做的，寶血會的修女，也有來自聖十字軍、聖神修院的信徒。後來加入九龍塘基督教的教會，漸漸有聖公會聖路堂 Kedo 的院牧，由教會資助，第一任院牧是退休護士陳玉貞，來了院牧，當然有教友來了。

香港婦產科學院院士陳家寶醫生，是佛教徒，他發動了普明佛學會和法雨精舍的佛門弟子參加。當年殮房外的花園還有放生池，讓病人行善放生。

人稱大師兄的資深義工陳達志說：「約於 1984 年成為南朗義工。初期參加的義工，有近 20 人，需要面試的，也需要上相關的基本護理課程。後來義工人數不斷增加，大家輪流進去，衍藏法師也加入了。」

三教神職人員雲集的善終服務團隊，相信很罕見！配合臨床心理學家陳何文韻，給予身心俱苦的病人，重建靈性的生命，三教共融。

宿舍頂層有小教堂，教友會與病人、家人一起禱告。佛教徒會留下佛經、佛號的錄音帶，天主教和基督教的教友，遇到想接觸佛教的病人，會請姑娘拿錄音帶給他們聽。三大宗教的教友，都是發自慈悲和愛心，為受病之苦的人而來，廖進芳說：「有 5 至 6 位澳門來的修女，1985 年的除夕年三十晚，結伴到年宵市場執賣剩的花，回醫院通宵佈置。天寒地凍，為何她們不在溫暖的被窩安睡？為的是，希望病人一覺醒來，眼前就有新年的氣氛！醫院也安排醒獅賀歲，咚咚噹噹的十分熱鬧。」

宗教發揮的力量，是醫療以外的，讓謝建泉醫生印象最深刻的是：「有位病人在我巡房時說：『造夢看見自己投胎輪迴，變了甲由』，她的心很不安說：『甲由很賤的，被人踩死。』我是天主教徒，可以用天主教的角度回答她，但我覺得病人更需要佛教的答案，就去找衍藏法師。」

藏師來到病人床前，氣定神閒的對病人說：「你心裏想甚麼，就會變甚麼的。所以，你要開始想好的、美的、善的。」

病人馬上安樂了，沒有再提甲由，廖進芳回憶說：「藏師最特別的，是每次來，都在幾層病房裏遊走，這是很好的做法，病人可以隨時『捕獲』她，傾吐心事。有一位中年男病人的真人真事，我一直講課都會引用——這位病人有一天『捕獲』藏師說：『日光日白，我看見地獄、油鍋，不是造夢的見，是眼睜睜的就在眼前，我很恐懼害怕。』」

衍藏法師回憶說：「他對我說：『我是抵死的！從前做生意時，欺騙了、害苦了很多人。』我聽後，便領着他懺悔，誠心的懺悔過去所做的一切。從此，再沒有聽過他提及看見地獄了。」

三大宗教同在一院，完全沒有任何衝突和框框，謝建泉醫生説：「任何宗教，目的都是希望病人放開心靈，打開心扉，有質素的走好每一天！」

感謝義工陪伴

南朗醫院從不沉寂，經常都人來人往，除了三大宗教的教友外，義工是醫院的重大靈魂支柱，陪伴着整間醫院的醫護人員，也陪伴着每一個病人！

80年代之前，到南朗醫院探望病人的義工，屬「單拖」性質，自發性的，從港、九、新界老遠來當義工，廖進芳説：「一天遇到年輕的袁國勇醫生，與後來的太太、當時的女朋友來做義工，經常有醫科生來做義工，主要『工作』是陪伴病人聊天。」當時沒有任何義工規矩，也沒有任何手續，不需登記，不會拒絕，不會阻撓。在社會風氣比較單純的年代，義工都是無私付出，有些還願意長期付出，陪着病人和家人「陪伴他們走，陪伴他們死」。

曾獲得最佳義工獎的陳達志説：「當年沒有嚴謹的私隱條例，醫院有間義工小房，裏面存有每個病人的重點資料，好讓義工有效銜接；事實上，這是非常重要的做法，據知那個年代，只有南朗醫院做到為病人做資料。」

不少義工做了20多年仍熱忱不減。醫院結束後，陳達志仍跟隨病人，到他們轉住的醫院繼續探訪，也到現在的康復中心做義工。葉叔説：「義工與病人非親非故，很讓人感動！記得有一次，大夥兒去赤柱旅行，回程時數人頭，少了一個，義工們大為緊張，立即分散去找，跑到老遠找，每個廁所逐格找。焦慮的眼神，就像掉失了自己的親人一樣。後來才知道，病人因為想念家人，自己回了家。義工都沒有責怪他，只求他平安就好了。」

醫務社工主任區姑娘在1985年入職之後，同事不斷將義工制度化，納上軌道。最重要的，是防止別有用心的義工混進來，

特別是作商業宣傳的。後來更編撰《義工手冊》，廖進芳說：「是自製的，一張 A4 紙摺疊印成。」訂定義工守則，需要更詳細的面試、簽到、培訓、記下感受和遇到的「奇難雜症」，並配合醫院的康樂部，定期舉辦活動。

精彩的活動！過時過節一定有慶祝，平日有打麻雀、打天九，臥床的病人有手工藝課。每天有午間小聚，每月有生日會，每年有追思會，每個星期六有各式活動，過時過節大型活動，過百義工參加。甚麼花樣都有，義工想做甚麼都可以，大家都很齊心，自由發揮：講笑話、卡拉 OK、音樂會、粵曲粵劇、飲茶一盅兩件，旅行去海洋公園、天壇大佛、赤柱等。

有資深義工演奏琵琶，有位空姐是特意去學琵琶彈奏給病人聽的，謝建泉醫生笑說：「我是最佳天九『墊腳』，因為很少人懂得打天九，所以我很受歡迎。」

陳達志說：「每個月兩小時的茗茶時間，很熱鬧開心！那兩個小時，忘記自己有病，20 至 30 個病人與義工一起泡茶，普洱、鐵觀音、龍井，一個義工對一個病人，服侍週到。有人彈古箏助興，有人自製茶食。開兩個茶船，人人都要求參加，整張床推進來。還會『外賣』，泡壺茶送上病床，非常 Happy。」

廖進芳常說：「誰說南朗醫院死氣沉沉，不是！這是個充滿歡樂的大家庭。」

日月星辰義工隊探訪病友

動人心弦的生命教育

謝建泉醫生整理舊照片時，找到了這張 20 多年前的照片，右下的是病人林虔。然後，在 1992 年出版的《南朗醫院 25 週年特刊》裏，找到林虔這篇文章，見證着南朗醫院的善終服務，留下了一堂又一堂的生命教育，值得大家反省生命的價值，就算在死亡面前，如何可以有質素地，發揮動人心弦的生命力：

（上排）康貴華醫生、謝建泉醫生
（前排右一）院友林虔先生

1987 年，我那年 19 歲，患上骨癌。在瑪嘉烈醫院接受手術，切去左下肢。可是，手術後病情未有轉機，1988 年初，癌細胞蔓延至肺部，疾病已是無法醫治了。在絕望中，由善終服務會介紹我入住南朗醫院。

我第一次在南朗醫院留醫是由 1990 年 11 月 6 日至 1991 年 10 月 7 日。入院初期，除感受到所有工作人員的熱情和良好的工作態度外，我還能參與康樂治療部的活動，實在十分興奮！但最重要的，是結識了鄰床 28 歲的病人黃惠龍。

由於我們年紀相近，很快便建立了深厚的感情，我們一起學習繩結，一起吃飯，一起玩樂，渡過了一段愉快的時光。但可惜這段友誼並不長久，因為在 1991 年中開始，惠龍的健康逐漸轉差，不但骨痛加劇，而且日漸瘦弱，眼看他身心不斷受折磨和摧殘，他新婚的妻子為他的病情身心勞累，實在使我非常難過。

大約中秋節前幾天，惠龍的病況已進入極度嚴重的階段，醫院為了使他安詳地渡過生命的最後時刻，安排他入住單人病房。我間中進入病房陪伴他，給他飲水和握着他的手，以表示我對他的支持和愛護。在惠龍彌留之際，姑娘通知我探望他，當時看見他孱弱的身軀微微晃動、氣息微弱，內心實在非常悲慟。我與黃太決定為惠龍祈禱，求天父照顧惠龍，但還未說「阿門」，惠龍便斷氣了。

當時我雖然極度傷心，但強忍着淚水，沒有哭出來。幾天後，主診的陳醫生、護士趙姑娘、職業治療師陳先生、牧靈部陳姑娘與我一起參加了惠龍的安息禮拜。那時，我的心情非常沉重，不願去瞻仰遺容，但有這麼多位醫院的工作人員與我一起參加喪禮，我很感動。

我第二次留院是由 1992 年 4 月 8 日至 1992 年 5 月 31 日，這次留院的目的，一方面是休養身體，另一方面是接受身體

醫護人員與院友歡渡聖誕

覆查。這段期間，使我難忘的是認識了年輕病人丁海基和廖南生，我們三人年齡相若，很快便成為好朋友。

廖南生是一位越南船民，在院舍裏令他經常感到不自由和受約束。於是我想，如果能與南生一起外出遊玩和購物，他一定會很開心，那是一件多麼有意思和高興的事啊！想不到經醫生和護士的努力下，獲得院方安排，夢想竟然成為事實，我和南生在傅姑娘和蘇醫生的帶領下，在一個風和日麗的日子，乘坐醫院車到山頂和淺

水灣遊玩了半天，這真是一次不可思議和愉快的旅程啊！

此外，南生、海基與我又為康樂治療室佈置壁佈板，我們發揮合作精神，工作包括設計、購買材料和做手工等，工作完成後，我們獲得極大的成功感。

就是這樣，我們三個人互相支持與鼓勵，渡過了一段快樂的時光。不久，南生便出院了，出院前，三樓病房姑娘替我們購買了蛋糕，為南生舉行小型的歡送會。我們依依不捨，一起拍照留念，還邀請了義務顧問醫生、義務精神科醫生、各駐院醫生、各級護士長及姑娘、病房服務員和其他各部門之工作人員等一起拍照留念，那些歡樂的留影，使我留下了深刻難忘的印象。

不久，檢查報告顯示我的健康情況有改善，便決定出院了，我希望出院前能夠為好朋友做一件事；於是，我決定為海基做一個相架作為留念。我用盡心思設計和

安排，由姑娘協助我搜集竹籤，又借用了剪刀和膠水，花了一天時間，終於完成了這個相架。結果，海基非常珍重這份禮物，我這時的感受，真是既滿足、又溫馨。

總括而言，回顧在南朗醫院療養的過程中，我學會了人與人之間的真誠相處和溝通，也懂得要求別人幫助自己，而不會有害羞或害怕暴露個人弱點的感覺，更學會克服困難和解決問題的方法。同時體會到，當我不悅時，設法去想一些開心的事情，也是無補於事的；但當我向人傾訴抑鬱，然後慢慢思索，想通了，心情自然覺得輕鬆，便可漸漸接受開心的事物而使情緒好轉過來。

另一方面，從年長的病人身上，我學習了很多人生的道理，那些阿公阿婆豐富的人生經驗，在患病中慈祥的面容，對年輕人的誘導、鼓勵和關懷，深深地感染了我。現在，我可以更積極地面對人生和樂於助人呢！

惠龍的太太黃麗彰，也有撰文衷心感謝南朗醫院的所有醫護人員，以真誠對待惠龍。雖然惠龍是病人，但都以朋友的情誼與他相處，讓惠龍在最後那段本來孤單、沉寂的生活，有朋友、有歡笑、有色彩。

而林虔，他後來接受了同路人——25歲就患鼻咽癌的康復者、資深義工張佩蘭邀請，到東涌馬錦明夫人章馥仙中學分享戰癌的心路歷程。他告訴學生們，自己熱愛足球，但患病之後無法再踢，寄語學生珍惜生命。

佩蘭說：「我則鼓勵孩子們，關懷身邊患病的人，不要恐懼，也不要歧視。因為很多病人在絕望的一刻，都是至親將他們挽救回來的。講座之後，有一位中一學生來問我：我看見爸爸常流鼻血，他會患鼻咽癌嗎？我很感動，教他叫爸爸去看耳鼻喉科。」林虔很欣慰，相信他是在忌諱癌病的年代，罕有願意進入學校親自分享的年輕癌症病人，令他和他的病都變得很有意義。

南朗醫院的善終服務，令義工潘希芸對香港的醫療服務改觀：「有異於一般公立醫院，南朗醫院給我的第一個印象是，這是間有人情味的醫院。對這裏的醫療人員來說，每一個病人都是有血有肉，有喜有悲，會笑會哭的人，而不是一個床位號碼而已。

在那裏，生命的尊嚴及價值都得到肯定，一群有愛心的醫療服務人員，幫助病人勇敢地面對頑疾，甚至從容地走完人生最後的旅程。

一般人以為，這所專門收治癌症末期病人的醫院，是被濃厚的死亡陰影所籠罩着，令人灰黯消沉得透不過氣來。但是出乎意料之外，連 80 多歲的老婆婆，也不會因健康欠佳而消減他們對生命的熱愛。醫療人員，亦從不因面對癌症末期病人，而鬆懈或放棄對病人的關懷。」

「南朗醫院的所有醫護及工作人員，

很幸運地有機會陪伴病人走過人生最後的
一程。」

　　沈茂光醫生說：「在自己尚未面對死
亡的時候，分享到末期病人所體會到的智
慧，自己得到的，比付出的實在多很多。
我們可能在紅塵打滾多年後，會感人心險
惡；但與末期病人相處，卻可以發展出真
摯的友誼。病人離世，當然傷感，但見證
病人積極生活，與家人相聚到最後一刻，
就令人非常鼓舞。鼓勵着我們，回看挫折，
不算甚麼了。」

　　南朗醫院的善終服務，至今仍是重要
的範例，何鴻超教授每次提及善終服務都
說：「我深感自豪！」

萬般不捨　與時並進

從無到有的南朗醫院，到了 2003 年，因為香港醫療政策的改變，正式結束了，適逢那一年是香港防癌會 40 週年！

醫院管理局（簡稱醫管局）於 1990 年成立，統一管理全港醫院，南朗醫院於 1991 年 12 月 1 日，由醫管局接管，超過百分之九十五的員工加入了醫管局，經常性開支全部由醫管局負責，營運了 13 年後，於 2003 年醫管局決定結束南朗醫院！

醫管局成立之後，香港的醫療政策和理念都有很大轉變。1999 年 83 歲的何鴻超教授辭去出任了 35 年的防癌會主席之位，潘若芙醫生接任主席，一年後，她邀請熟悉醫療體系的梁智鴻醫生接任主席。

直到梁智鴻醫生於 2002 年成為醫管局主席後，因不希望有利益衝突而辭任，由梁定邦醫生繼任主席，梁智鴻醫生說：「我當主席時，何教授已經退休，防癌會處於低潮期。醫管局接收南朗醫院之前，一直補助醫院，政府只是補貼部分經費，補貼多少彼此討價還價。但醫管局接收之後，即負擔所有經費。踏入 21 世紀，設有放射及腫瘤科的公私營綜合醫院增加，治癌發展迅速，癌症也不再是絕症，部分病人抗拒『有入無出』形象的南朗醫院……種種因素，雖然大家都認同南朗的存在價值，但要維持變得很艱難。」

醫管局統一醫療政策後，實施分區制，全港病人，需要在居住那區的醫院接受治療。南朗醫院一直接收全港各區的癌症病人，亦需返回自己區的醫院接受治療。香港民生經濟改善，專門照顧末期癌症病人的南朗醫院必須轉型。2003 年沙士肆虐，醫管局面臨財政赤字，必須削減財政預算，香港亦經歷金融風暴，一向是籌款主力的何教授年事已高，防癌會無力再次接收南朗醫院，決定終止南朗醫院的運作。

現任香港防癌會主席的朱楊珀瑜女士

在 2003 年加入防癌會執行委員會，回憶當年大家聽到結束的消息時，感覺是晴天霹靂！防癌會當時的主席梁定邦醫生及委員會成員、南朗醫院的所有員工，都感到非常無奈，萬般不捨！

非凡的 36 年裏，從 30 多位員工、照顧 120 個末期癌症病人開始，一直到 2003 年，擁有健全的設備和體制之外，亦是全港第一間癌症醫院；第一間擁有臨床心理學家、紓緩專科顧問護士、精神科醫生、紓緩專科醫生的醫院；全港規模最大，配備 98 張善終服務病床及三大宗教參與的醫院；建立了親屬支援小組、哀傷輔導小組、哀傷家庭自助小組、疼痛治理小組、殮房、

惜別軒、專科門診、士氣及團隊精神達到顛峰狀態的醫院。36 年來，無數善長捐助，無數義工無私的付出……一下子就沒有了！

2003 年 12 月 15 日，南朗醫院正式結束，「南朗人」製作了紀念光碟，記錄了這個無法忘懷的時刻，響起了 Today 的中文版歌詞：

別了依然相信　以後有緣再聚

未曾重遇以前　要珍惜愛自己

在最好時刻分離　不要流眼淚

就承諾在某年　某一天某地點　再見

「沒有南朗醫院，香港癌症治療，不會發展得這麼早、這麼快，善終服務也無法推到這麼高的水準。」沈茂光醫生說。

謝建泉醫生慨嘆：「做得這麼好，『獎

再見 ● 南朗

勵」是結束！」所有醫護人員，包括姐姐都需化整為零，分派到各區醫院繼續工作。

成就無可替代！

時代推進是必然的，與時並進也是必須的！南朗醫院站在戰癌的最前線，樂於見證放射及腫瘤專科治療，從無到有。今日，腫瘤科遍佈全港、九、新界的醫院。能成為開荒者，何鴻超教授、香港防癌會、南朗醫院所有成員，都感到榮幸！南朗醫院是劃時代的輝煌成就，無可取替的！

南朗醫院第四任院長羅佩賢醫生，在 25 週年特刊《獻辭》說：「我們不由對那些具有卓越遠見、富有貢獻精神、為實現理想而努力不懈的創辦人致以最崇高的敬意。」

「香港防癌會為癌症病人堅守在戰癌的最前線，依然繼續！」朱太說：「病人需要的，我們去做；病人缺乏的，我們去籌；現在沒有的，我們去開創發展。何鴻超教授疼錫病人的心，與我們每位成員的心都是相印的。」

謹在這裏，向南朗山道 30 號——南朗醫院曾經付出的每一位，致最高的謝意，您們都是偉大的！

邁向千禧
新世紀

一個階段的完成，就是另一個階段的開始！

2003 年香港防癌會 40 週年，南朗醫院結束。2005 年何鴻超教授逝世，享年 89 歲，創辦防癌會的何教授，出任主席共 35 年。

何鴻超教授彌留之際，潘若芙醫生、一眾學生弟子、香港防癌會委員、資深職員等陪伴在側，潘若芙醫生在何教授耳邊說：「您放心，我們會將香港防癌會好好延續下去的。」

高永文醫生細説與防癌會的點滴

領導戰癌，必須繼續！

2004 年 12 月年高永文醫生接任香港防癌會主席，正藉面對回顧過去，踏入新紀元的動盪時刻，他與整個委員會團隊，同心合力，延續使命！

高永文醫生回憶加入防癌會的因緣：

「早在 1991 年我加入醫院管理局，是中央腫瘤科的統籌主席，需要協調公立醫院所有腫瘤醫療服務，與各醫院的腫瘤科主管合作，制定服務的方案和標準，尋求提升和改善資源，培訓人才。何鴻超教授是香港放射及腫瘤科的先驅，世界鼻咽癌權威，十分敬佩他。但我的專業是骨科，也是晚輩，與他的距離比較遠。所以，聯絡了何教授的大弟子、防癌會的資深委員潘若芙醫生，參觀伊利沙伯醫院的放射及腫瘤科，了解癌症的最新情況、電療的設施和人手。」

當時香港防癌會的主席梁定邦醫生辭任，潘若芙醫生和梁智鴻醫生一起邀請高永文醫生出任第五任主席，他欣然答應：

「防癌會為抗癌拼搏了 40 年，一直走在戰癌的最前線，是香港的先驅，做了很多很多，做得這麼的好，絕對不能浪費，必須繼續。而且，因為何教授的號召和權威，防癌會背後，擁有最專業的醫護、相關人才的團隊和資源，堪稱癌症服務的領導者，所以我加入了。」

初心絕對不能變！

醫管局決定不再營運南朗醫院之後，防癌會邀請義務顧問公司，探討轉型可行性方案。曾經探討不同運作模式，還考慮申請從南朗山腳，建一條電梯上山到南朗醫院。但委員會所有成員，堅決認為，無論如何艱難，非牟利的原意不能變，拒走商業路線。

那麼，以後的路該如何走？回到香港防癌會的初心， 病人需要甚麼但缺乏的、病人直接受惠的、照顧身心社靈的、照顧家屬的，繼續努力去做。

全面開展三大範疇項目

從唯一的南朗醫院，到唯一的癌症康復中心。

從 60 年代到千禧世紀，治癌發展一日千里，設有放射及腫瘤科的綜合醫院，遍佈港、九、新界，但戰癌依然困難重重。

多年來協助香港防癌會籌募經費的著名音樂總監趙增熹説：「父親是因患肺癌逝世的，當年我正面對中五會考，放學後常到律敦治醫院探望父親，看到父親很辛苦，猶幸醫院照顧得很好。但治療之後必

趙增熹先生到癌症康復中心探訪院友

須回家，家裏無法備有醫院的設備和照顧，情況又變差，很多不舒服的症狀，無法紓緩，家人想幫又幫不到，想令他舒服點，但不知如何做到，真的渴望有照顧到父親的支援。癌症，實在是很不容易面對的病。」

高永文醫生和委員會成員，看到這個缺口：「何教授的年代，缺乏專科的住院服務；現，是缺乏專科的康復支援，欠缺一間支援各類癌症病人，乃至支援整個家庭身、心、社、靈的康復院舍。」

癌症病人手術、化療、電療之後，離開醫院，在家復康期間，往往出現不同的副作用，不明所以，不知嚴重不嚴重、正常不正常。病人和家人的生活、情緒、關係都受影響，不知有甚麼改善的途徑、解決的方法，束手無策。捱到覆診，醫生才能給予指引。也許問題不斷重複。

高永文醫生和執行委員會成員，構思將空置了的南朗醫院改裝成為填補缺口的康復院舍，並邀請國際知名的諮詢公司就構思的服務進行可行性的研究。高永文醫生說：「改裝的規模很大，費用達億元，籌募困難，絕對不容易，是個挑戰！就在此時，香港賽馬會慈善信託基金也轉型，將以往只限一次性資助添置儀器、設施或宣傳計劃等，擴大為資助一些具遠見、長遠策略、有持續性影響、對社會有真正需求而政府未能提供資助的項目。我和潘醫生便接觸賽馬會，希望取得資助。」

賽馬會很認真地，詳細了解整個轉型及康復中心的計劃。基於防癌會數十年來都是一隊強而有力的專業團隊；而且，賽馬會從 60 年代起便資助防癌會，對防癌會很有信心，所以接受防癌會的申請。高永文醫生說：「賽馬會十分認同康復院舍的需求，財政資助之外，甚至在設施、資源運用、如何營運令之持續向上發展等等，都主動給予意見和幫助。」

何鴻超教授逝世的 2005 年 8 月，賽馬

會決定捐助港幣一億九百餘萬元作為裝修費用，以及負擔首兩年的運營赤字，將南朗醫院改建為香港防癌會賽馬會癌症康復中心！2006年5月，龐大的改建工程展開，防癌會的辦公室暫時搬到贊育醫院，而南朗醫院則全面改建成康復中心。防癌會的

前路亦明朗了，承接康復中心，全面發展三大範疇的項目：

香港防癌會賽馬會癌症康復中心正式投入服務

醫療

　　香港防癌會賽馬會癌症康復中心

　　中西醫結合治療

　　改善癌症病人生活基金

慈善

　　關懷基金

　　慈善愛心病床

　　攜手同行

教育

　　民間教育超過 40 年

醫療

香港防癌會賽馬會癌症康復中心於2008年落成啟用，由前東區醫院院長、港島東聯網總監梁明娟醫生，為第一任義務院長，任何癌症病人都接受申請入住，2010年三層院舍、91張床位全開。

中心設施

香港防癌會的執行委員會及轄下項目管理委員會，雲集腫瘤及其他專科的資深醫護人員、會計、律師、商界、社福界的專家，為中心各出奇謀。針對各類癌症病人，治療、康復期間的種種症狀，購置器材、專研設備，合力建成整個康復中心，為病人提供舒適的院舍。

第二任院長、防癌會總幹事梁小雲説：「不論通風、安全系統，乃至燈光、材料選用等，都是當時最先進的。而環境的顏色都讓入住者減少住在醫院、增加在家的感覺。」

「院舍的每個細節，都站在病人的角度，用心設計。」李詠梅教授説：「善用自然陽光、園林觀景，配合柔和的光線，環境既方便醫護人員工作，又沒有醫院灰白密封的感覺，病人可以於最需要專業醫護照顧的時候入住。」

院舍24小時有醫護當值、巡房，是一間比護理院擁有更多護理設施的院舍。

美芝腦癌擴散，治療後下肢癱瘓及痲痹，吃一頓飯，從起床到坐好，需要三個人攙扶。家人特別為她聘請了一位傭人，但每次仍要攙扶半小時才能吃飯，以免觸及她痹痛之處。家人還需照顧她的大小二便、洗澡、睡覺，連 80 多歲的奶奶，都要動手幫忙，整間屋都臭的。覆診時更需動用四個人一輛車。疼痛除了服食止痛藥物之外，也需要按摩。全家人總動員，才照顧了三天，家人已筋疲力盡，支持不了。曾讓她入住安老院，因為員工不懂照顧痹痛的病人，中午住進去，弄了大半天喊停，安老院半夜致電家人，要求將美芝帶回家。

回家兩日之後，美芝連大、小二便都沒有了，設法扛她去看中醫，每天煲藥一個半小時。不到一個星期，整家人如陷入世界末日，開始感到照顧美芝是厭惡性的負擔，經濟能力又無法讓她入住貴價的安老院或私家醫院，也根本不知哪間安老院有能力和願意收留她。美芝很沮喪，心中恐懼：「我無處可去，我連累家人，我沒有希望了，兒子看見我這樣也會不喜歡我……想推開窗跳下去算了！」

親友介紹下，美芝入住康復中心的院舍，有駐院的西醫，也有中醫的針灸，幫助她減少痹痛，紓緩症狀，很快便恢復大小二便。院舍設有各種設施，讓她可臥着轉去洗澡床而不觸及痹痛處。也有吊架，將她吊起來坐在沙發椅上，睡的是氣墊床，預防壓瘡。豎直床背便可進食，一日三餐，有營養師照顧，也有多款供她選擇，與中醫食療配合。甫進院，美芝已感到舒服很多，像一個「人」的生活，家人更鬆一口氣，大家可以回去安睡，如常上班。中心一直與家人保持聯絡，在家也非常清楚美芝的進展。

院舍有物理治療，南區空氣清新，美芝經常活動鍛鍊。家人可以長時間陪伴，一起吃飯。還有義工為兒子補習功課，又與美芝一起參加穿珠仔班。院舍的設計有

家的感覺，不像住在醫院。心情 180 度轉變，由絕望到充滿希望。兩個月後，臥着進院的美芝，能自己步行出院了！

當年建立南朗醫院善終服務的謝建泉醫生說：「公立醫院無法讓病人長期住院，私家醫院費用昂貴，病人於治療前後，身體出現不舒服，在家無法照顧，急需醫療意見、專業住院照顧。防癌會的康復中心，是很好的選擇。中心收費比一般護理院貴，但比私家醫院平，是合理的收費，收回成本價。9 樓有『中醫藥中心』，中醫劉宇龍博士，與西醫配合治療，如有需要，還有煲藥服務，是很幫到病人和家人的措施。」

阿雯的故事，是另一個好例子：阿雯做完子宮內膜癌手術，回家後手術位置時會疼痛，當初以為手術後有點疼痛是正常的，樂觀的她如常生活，上班、買餸、煮飯，等待覆診。

幾天後疼痛頻密，不論行、坐、睡都痛，唯有向公司請假，家中雜務交給丈夫

和奶奶，但一日比一日氣餒，覺得手術失敗。好不容易等到覆診，但醫院來電說：「報告未出，出了再通知你覆診。」晴天霹靂！更加胡思亂想，是否病情已到絕境，否則怎會報告未出？臥着也痛，任何時間都睡不到覺，哭着對丈夫說：「我的病是醫不好的了，我死定了。」朋友介紹入住康復中心院舍，醫生檢查及問診之後說：「你曾有一天坐了 8 個小時車，到新界辦理親友的後事，有可能影響了傷口，可以醫治的，死不了的。」阿雯一聽，頓然與家人都放下心頭大石，醫生為她止痛，協助她聯絡醫院，兩天之後覆診，覆診後已能回家漸漸康復了。

著名藝人汪明荃於 2002 年加入防癌會成為執行委員會委員，也是癌症康復者，大力支持康復中心，以癌症康復者、過來人的體驗說：「患了癌病，能夠有一個舒適的地方，有專業的設備、專業的醫護團隊照顧，不是很好的事嗎？」

院舍社工，會協助病人與家人、社會保持溝通，以至打破隔閡。院舍每層都設置了病人和家人共聚的空間，可以飲茶閒聊，一起看電視，一起玩遊戲。主樓安排很多活動，烹飪廚房、美髮屋、手工藝室，病人可以與家人一起參加。高永文醫生說：「住院時間長短沒有限制，身體不適，可以申請住院。好轉可以離院回家，又覺得不適，再申請入院。」

中心還提供日間暫託、個別支援服務。

Raymond 的外公罹患淋巴癌，疼痛出汗，家人輪流看管，為他按摩、塗藥油、墊毛巾，但每晚都喊痛，令家人害怕，不知是大事還是正常事，不知是否需要送醫院。家人聯絡中心，考慮送老人入院，但老人家不肯住院，中心便協助安排晚間上門護士。病人喊痛時，護士辨別成因和病情，先給予紓緩方法，真的需要送院時才

康樂活動設施

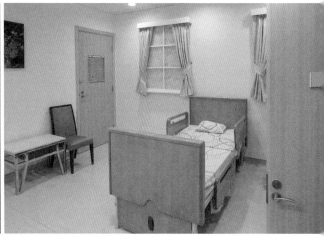

梁鳳霞靈修室及惜別軒

安排送院。家人安心了，一切交予護士，大家都安睡。之後，家人日間將公公送到中心，檢查及紓緩症狀，晚上接回家，公公慢慢康復。

對於末期癌症病人，註冊社工會關心病人是否有未完成的心願，協助完成。在中心離世的病人，有醫生證實死亡，不需送回綜合醫院的急症室。有專業的紓緩治療團隊，讓病者不適減到最低，有尊嚴地離世，不需去殯儀館。「惜別軒」是間溫馨的獨立小房，讓病人和家人好好的道別。

逝者會安放在寧靜光潔的殮房。在「梁鳳霞靈修室」可以舉行不同儀式的追思會，遺體可直接送往火葬或安葬的場地，提供一條龍服務，讓家人不需奔波，做到生死兩相安。鄧智偉教授說：「這是人多床擠的公立醫院無法相比的，在公立醫院，人走到最後一程時，就是布簾一拉，證實死亡。」

賽馬會癌症康復中心院舍啟用後，期望日後能夠自負盈虧、健全地運作。高永文醫生說：「中心啟用初期，大眾未認識，

所以營運艱難，故善用賽馬會改建餘額支持。」朱楊珀瑜女士說：「2018 年時，康復中心已運作 10 年了，年初時有 42 位退休的工程師來參觀，很驚訝的表示：『完全不相信已經營運了 10 年，保持得簇新之外，病房一點異味都沒有，環境清新，如何能做到的？』這就是整個團隊努力的成果。」

病人在康復中心的院舍裏，所有不適的症狀、日常清潔、飲食、覆診交通、取藥服藥、物理治療、活動運動，乃至末期紓緩等，全部可以交給院舍，無後顧之憂。作為治療的中途站，是癌症病人及家人最強後盾。高永文醫生說：「自從香港防癌會於 1963 年成立之後，不少癌症服務的非牟利機構相繼成立，都是做防癌、教育、宣傳、協助等工作，但只有防癌會結集了最多腫瘤、紓緩的專科醫護人員、對防癌治癌有興趣的專業人士，同心同願，為所有不同種類的癌症病人，提供直接的服務，延續戰癌使命。」

護理課程

1985 年，香港防癌會在南朗醫院創辦「癌症護理課程」（Cancer Nursing Course）課程，由專科醫生主講，特別培訓在職護士照顧癌病人，是全港第一個培訓癌症病人護理的課程，直到今日舉辦了近 35 年，從無間斷。每次參加的護理人員都非常踴躍，現在課程已由最初的一天增至 10 多堂，亦不限於腫瘤科的護理人員報讀，其他科的醫護人士都可以報讀。

護士課程邀請參加者外出參觀最新儀器及綠色殯葬儀式

中西醫真正結合的先鋒

中西醫會診，在賽馬會癌症康復中心院舍展開。朱太說：「中醫，在癌症病人的多種不適症狀上，是有紓緩的作用的。很多病人會『偷』看中醫，『偷』服中藥，當然效果不理想，更可能有反效果。防癌會開展了中醫藥中心，實行中西醫醫生會診，是全港最早發展真正中西醫療結合的地方。」

防癌會的兩任主席——梁智鴻醫生、高永文醫生，都是在政府裏推動中醫註冊、中西醫結合、籌建中醫醫院的重要人物。高永文醫生更在 1996 至 1998 年，於香港大學專業進修學院就讀中醫基礎、中醫診斷學及中草藥學、方劑學、中醫婦科學及中醫兒科學等課程。2004 年，高永文醫生是防癌會主席，亦是香港浸會大學中醫藥學院的榮譽教授和諮詢委員會主席，高醫生與浸大中醫藥學院，洽商合作，在防癌會建立「香港防癌會 - 香港浸會大學中醫

香港防癌會執行委員會委員汪明荃博士參觀中醫藥中心

中醫藥中心正式開幕

藥中心」。

香港浸會大學中醫藥學院於 1999 年成立，是香港第一間大學設有中醫學位的學院。2001 年劉良教授出任學院院長，希望能在學院以外設立門診，讓學生多接觸不

同的病人，開拓更寬的眼界，增加更多的經驗。潘若芙醫生與學院開會，聯合成立相關的委員會，由梁小雲跟進實行：「高醫生看見很多癌症病人的實例，中醫的確幫到他們紓緩不少症狀，遂與劉良院長洽商，在防癌會開辦中醫藥中心提供門診服務，全港市民都可以就診，既可成全學生實習，亦可支援院舍的癌症病人，同時作為籌辦中醫醫院、實行中西醫結合的試驗據點。」

香港浸會大學協理副校長（中醫藥發展）卞兆祥教授說：「學院知道，防癌會數十年的使命，是結集不同的資源，幫助癌症病人，是一間很令人敬重的機構，希望中醫發揮功效，幫助病人，學院十分認同，所以攜手合作。」

中醫藥中心的「坐鎮」主診醫師，是劉宇龍博士。劉博士既有西醫培訓，能看西醫報告，認識西藥，也是著名的腫瘤專科中醫師。所以，開診以後，雖然南朗山

卞兆祥教授

道較為偏遠，但仍有很多追隨劉博士的癌症病人到診致使經常客滿。

2008 年 1 月浸會大學及防癌會簽署合作協議備忘錄，在防癌會綜合大廈 9 樓設立中醫藥中心，2009 年 3 月啟用，提供門診服務，包括：

1. 中藥處方、執藥、煲藥服務；

2. 針灸；

3. 天灸；

4. 推拿。

「亦有送藥服務。」葉叔說：「有位

女病人，中心煲好藥之後，便由我送去她家，令症狀得到紓緩，讓她一直都可留在家生活，直到逝世。」

初期癌症康復中心院舍病人，需要到中醫藥中心就診，病人入院時，癌症康復中心會告知病人及家人有中醫服務，病人認為有需要，便會安排到中醫藥中心看醫師。服務不斷改善，及後中醫師會親自到病房，為病人把脈看病。西醫和中醫師聯合會診，配合西醫的治療方法，並培訓護

香港防癌會總幹事梁小雲

士。護士會按指引，與西藥配合，按時給病人服用中藥。梁小雲説：「中醫師或會建議針灸、艾灸、薰蒸等療法，中醫師助理及護士全力協助。中心也購置薰蒸床，幫助病人運行血氣。」

卞兆祥教授稱，「自己」是防癌的第一道防線！他説：「常飲冰會寒太過，常吃紅肉會燥太過，要常問自己：『多久沒有運動？是否工作過勞？』最清楚的仍是自己，小事時便要正視，不要等到大件事才求醫證實，需要求證時，已是真的有事了。若問：『患癌找中醫好還是西醫好？』我會答：『一定是中西醫結合最好』。對病人和家人來説，任何可以幫助病人的，都應該無分彼此、沒有界限地善用；甚麼方法能儘快切斷腫瘤增長的，一定先用那個方法；何時用甚麼方法，最能夠減低疼痛，也就用那個方法；何時需要照顧心靈、協調家人，就設法協助。方法和資源，不應該切開，應該結合。防癌會最大的貢獻，

就是一直結合各種資源，幫助病人。」

中西醫結合

2012 年，再次有突破性的發展，由麥紹堅醫生伉儷慷慨捐助，在防癌會的 4 樓開設「香港防癌會麥紹堅伉儷中西醫結合化療中心」。梁明娟醫生說：「陳亮祖是臨床腫瘤科專科醫生，但不抗拒中醫；而中醫劉宇龍博士，也是有西醫培訓的。有些癌症無法手術切除，例如淋巴癌，中醫能發揮功能，因為 9 樓已有中醫藥中心，方便中西醫同一時間會診，共同訂定治療方案。」

「雖然現在部分癌症有標靶藥可治療，但標靶某部位的癌細胞之同時，可能另有部位要處理。」卞兆祥教授說：「例如乳癌的 HER2 擴散，其他部位或會有 HER2。同時，標靶藥也有副作用，中醫就能發揮紓緩的作用。病人接受手術、電療、化療之後，身體是虛弱的，器官功能會受到破壞，如有肚瀉、骨髓造血功能降低、

麥紹堅醫生伉儷

白血球或血小板不足、神經系統受損會麻痺、掉頭髮、皮膚肌肉受影響等等。常會令整個療程無法再做下去，中醫、針灸往往能夠幫助病人儘快修復，繼續完成整個療程。化療也會壓抑免疫功能，病人容易受感染，中藥有保護和提升免疫功能的作用，『行氣補血』不致令病人倒下來，支持完成整個治療。」

一位病人的故事，令梁小雲印象很深刻：「一位末期乳癌的病人發現時較遲，西醫沒有可做的治療方案。入住中心院舍

時，氣喘無法臥平，願意嘗試中醫，為自己提供多一條可行的路。三個月後，症狀紓緩很多，漸漸可以坐起來，然後自己行着回家生活，多活了五年。」

不容易的結合

「在一間以西醫為主的院舍裏，建立中西醫會診，是絕對不容易的！」卞教授說：「中、西醫生，必須認同中西醫藥結合，彼此真誠為病人訂定治療方案。同時，在中心院舍的護士，要專業配合，中醫才能有效在西醫的病房工作。譬如推拿，護士需協助病人翻身。還有艾灸鋪床、中西藥分別何時服用等。」

香港防癌會設計了整套中西醫藥結合制度，以及培訓癌症康復中心護士，令中、西醫藥，不但沒有衝突，還真正發揮互相補益的作用。卞教授說：「一定要有一套好的、天衣無縫的制度，防癌會這個特殊的平台，培訓了不少中西醫學的人才，被譽為癌症服務的『清泉』。」

慈善

50 萬變 3 億的奇蹟——助醫計劃

何鴻超教授於 2005 年逝世，治喪委員會將收到的 50 萬帛金，在何太及家人的同意下，成立「何鴻超教授紀念助醫計劃」。助藥很重要，21 歲年輕的鼻咽癌病人 Jonny 說：「現在已經有新一代、更有療效、更少副作用的藥，但價錢昂貴，政府未能免費或平價提供，必須自費購買。我是剛畢業的學生，父母供我到加拿大留學，已用盡了積蓄，患病後又沒有工作能力，如何有錢買藥？那就等於知道有得醫，但我醫不到，仍是死路一條。」

「50 萬的助藥基金，說少不少，說多也不多，很快就會用完，幫不到多少病人，委員會費煞思量：如何走下去？」助藥計劃委員會的主席黃馮玉棠回顧當時，大家為此商量——這是紀念何鴻超教授的基金，何教授疼錫病人，大家設法做好，但十分困難：「我與李詠梅教授及防癌會

秘書，在主席高永文醫生贊同下，大膽的尋求一切可能性。首先，發揮各人的人脈，到處洽談。李教授不忌諱是公立醫院的腫瘤科部門主管，向藥廠探路，希望藥廠能以便宜的價錢，賣藥給病人。我有豐富的醫務社工經驗，洽談政府的中央藥房、社工，努力撰寫計劃書。高永文醫生負責與醫管局溝通。」

誰知，只有一間藥廠肯幫忙，其餘的大家都讚好，認同理念，但都說我們這群人是傻人追夢。向人籌款難，找人審批病人資格更難，必須要有醫生和社工團隊，否則無法審批。人人都説不可能。

「李教授勇敢地、堅毅地，鍥而不捨的洽商藥廠。」黃太至今仍悲喜交集的説：「所有人都盡全力去試，有曙光了！高永文醫生取得當年醫管局總藥劑師李伯偉先生的全力支持，這是重大的轉捩點，至今大家都很感激李 Sir。舉步維艱的，踏出了第一步。再面對另一個困難，就是資金。

防癌會舉辦步行籌款，高醫生在接受傳媒訪問時，大聲疾呼：『乾塘！』一經報道之後，獲得各界支持，防癌會名譽副會長陳婉珍博士亦願意捐助。朱太説：「但當時仍有一個難題，就是缺乏專業人士，為病人做經濟審查。我親自到社會福利署，與當時的鄧國威署長洽商，署長非常認同

改善癌病人生活基金委員會主席黃馮玉棠女士

受助人賴女士感謝助醫計劃讓她可以繼續用藥

這是個需求急切的好服務，答應由社署的醫務社工負責經濟審核。終於三贏，計劃全面展開了！」

感謝所有成就這個計劃的人和機構，「何鴻超教授紀念助醫計劃」終於成功推行，2006 年開始助藥！

至今計劃資助了超過 6,000 病人，捐出的藥費及現金，市價超過 3 億！李詠梅教授至今仍興奮的說：「50 萬變了 3 億！」

防癌會又一次先驅性地推行全港唯一的癌症助藥計劃。高永文醫生和朱太寫信給政府，分享計劃成功的過程，「關愛基金」也開始助藥了。

然而，新藥從撥入醫院管理局藥物名冊，到再入「關愛基金」，需要一段時間，有一定的程序。急需新藥的病人，仍是申請防癌會的助醫計劃，以便能夠第一時間取得藥物。朱太說：「唯有防癌會的委員會，擁有眾多的腫瘤專科權威醫生，他們長期留意新藥和效用，乃至對成本效益很

熟悉，醫療界絕對信任。所以，只要經過防癌會屬下『改善癌病人生活基金』委員會商討，確定某些新藥是適合某病人服用，病人經濟確定有困難，就入了防癌會的受助藥物名單，由我們先以藥廠優惠價付藥費，病人儘快服用。到此藥入了政府『關愛基金』名冊，便轉由他們資助，防癌會又資助另一些有需要的病人。」

圓太太心願　成立支援病人計劃

香港大學法律學院首席講師張達明律師與太太謝寶英一直非常恩愛，與一對子女關係密切，可惜太太於 2007 年因乳癌離世。在太太人生最後階段時，張律師每天帶子女到醫院，讓他們爭取時間與母親相處，而這段時間，張律師深深體會到乳癌患者經歷抗癌的辛苦，身心飽受折磨。

寶英離世前希望幫助同樣患乳癌的病人，因為她感到，即使自己享有的資源不少，但抗癌的路仍然不易走，換着是身邊欠缺資源的人，相信抗癌的路會更艱難。張律師為圓太太心願，將收到的帛金及保險金等，於香港防癌會成立「張謝寶英乳癌康復資助計劃」，資助病人進行正電子掃描（PET-CT Scan）及藥物援助，或未獲政府及其他資源資助的需要物品，如購買額外營養品、義乳，以減輕乳癌患者的經濟負擔，協助她們在困難時期可維持生活質素及尊嚴。

每年張律師都會參加渣打馬拉松，藉此為計劃籌款，一對子女亦不時陪伴在側，一同為幫助其他乳癌病人而努力。兒子張劭朗稱：「即使媽媽抗癌時很辛苦，仍然希望盡自己全力去幫助別人，而這就令我想為她繼續維持她無私的精神。」

張律師表示：「我們付出的並不多，但都希望乳癌患者可以感受到，身邊其實有同路人關心她們。雖然太太已不在，但她的愛仍可延續下去。」張律師其後更加入防癌會執行委員會，幫助更多癌症病人。

張達明律師及寶英的家庭照

張達明律師與子女一同參與渣打馬拉松為計劃籌款

慈善愛心病床

年屆六旬的袁生和袁太，兩老住在舊唐樓 4 樓，相依為命。唯袁生患了肺癌，治療期間經常氣促很辛苦，袁太就常常一夜無眠照顧袁先生，精神日差，也不知煮甚麼菜給丈夫吃，才不致引發更嚴重的氣促。最大的困難，就是要扛丈夫去覆診，袁太哭訴：「扛丈夫覆診，要拿着小櫈子一起下樓，丈夫落半層，就要停一停，坐在櫈子上喘氣休息一會，又下半層。覆診之後，同樣地扛他上樓回家。他當然很辛苦，我亦很辛苦，半邊身疼痛，但也無法扔他一個人在家，自己去看醫生，不知可以支撐多久。」

社工介紹他們到癌症康復中心，奈何兩老經濟負擔不了！

「病人有需要，我們就去籌款。」負責慈善項目超過 30 年的黃馮玉棠説：「2013年，獲余兆麒醫療基金捐款，康復中心增設 12 張『慈善愛心病床』，幫助像袁生、袁太這樣無助的病人，入住中心院舍。」

袁生入住院舍後，一日三餐、覆診都有醫護人員照顧，袁太不擅辭令，只是看着睡得很甜的丈夫，不斷的説：「多謝，多謝！」就算是最後日子，他們都能笑着挽手走過，全憑慈善愛心病床。這個慈善項目，至今已幫助了超過 1,000 位病人及其家人。

維持了半世紀的善舉

南朗醫院 1967 年啟用時，已經支援經濟有困難的病人，視乎情況豁免或削減收費。同年，成立癌症救濟小組委員會，得到世界信義宗社會服務處捐款 1 萬元，設立「癌症救濟基金」（Cancer Relief Fund），提供癌症救濟服務，不論仍然住院，或已出院回家生活的病人，只要有需要，都會少額「救濟」資助。施同福牧師（Rev. Karl Ludwig Stumpf）為第一任主席。1987 年 6 月醫院的楊元榮院長接任第二任主席。

這些資助，可能是今日想像不到的：譬如病人想回鄉看媽媽最後一面；想買攪拌機，因為牙爛難吞嚥，想將固體食物打碎磨爛，不用積存食物，腐臭了仍未吃到；想買收音機，讓自己與外界接觸；想買雪櫃，不用經常去街市買餸；想買奶粉補身……

1989 年，毛頓為第三任主席，大家覺得 "Relief" 有救濟的意味不太好，遂於 1998 年改為「改善癌病人生活基金」（Betterment Fund for Cancer Patients）。1993 年黃馮玉棠接第四任主席至今，黃太說：「能夠參與這個基金委員會，實在引以為傲。少少的金額、小小的幫忙，對病人和家人來說，卻是很重要；因為若果我們不幫，他們是難以甚至無法達成心願。而且，這是他們生命中最後的需求，最後希望做到的『大事』。」

那個年代，沒有發票、沒有收據、沒有查問詳情、沒有申請手續，不知道病人是否真的回了鄉，回鄉看了媽媽之後，是否仍能回來，大家都是憑一個「信」字。世界信義宗資助了第一個 1 萬元之後，防癌會繼續東籌西湊，人人都出手襄助，包括葉義醫生、蒲魯賢慈善信託基金（Brewin Trust Fund）等善長。黃太說：「說不出錢從哪裏來，每次都是錢快用完了，又有人捐錢，就是這樣，一直幫下去。病人說有需要就去籌，這是何鴻超教授和防癌會委員們的一貫作風。」

1995 年，香港賽馬會慈善信託基金撥款 50 萬資助癌症救濟服務。

2000 年撥款 165.8 萬元成立為期 5 年的「賽馬會關懷癌症病人」計劃。到 2005 年賽馬會再資助為期 3 年的「賽馬會關懷癌症病人之社區資助計劃」，深入社區，擴大推動「改善癌病人生活計劃」及公益金「心願計劃」。

心願計劃

每個人都有心願，滿足末期癌症病人

的心願變得更加殷切。

這天，決定為妹仔完成心願——補拍結婚照：

獲資助入住「慈善愛心病床」的末期病人妹仔，與丈夫結婚時生活窮困，為口奔馳，沒有能力拍攝結婚照，丈夫一直感到遺憾。太太陪伴他捱了一生，到她走到最後的時刻，捱到兩個兒子長大了，卻罹患癌症，未有機會拍過結婚照，黃太說：「我們決定成全他們。」

妹仔身體虛弱，無法出外拍攝，於是，將防癌會活動中心的會客室佈置成婚禮場地，請了攝錄隊，租了一套美麗的裙袴，預約了化妝和梳頭義工，準備迎接大日子的來臨！誰知，拍攝的前兩天，妹仔陷入昏迷，大家都失望和焦慮。拍攝前一天，妹仔依然沒有醒來，導演說：「反正今天早已預計來佈置，不如探望一下妹仔，看看實際情況。」來到妹仔床前，她昏迷不醒，導演靠近她的耳邊，悄悄的說：「妹仔，我很想幫你和丈夫拍一幅美麗的結婚照啊！」非常神奇！妹仔竟然慢慢醒來，用微弱的聲音說：「好！」

翌日大清早，妹仔異常精神，容光煥發，丈夫推着輪椅，在醫院的露台，兩老靜靜的吃早餐。義工團隊來了，為妹仔化妝、梳頭、塗指甲油、穿裙袴，妹仔感到新奇又歡喜。髮型房、化妝間，充滿着甜蜜的笑聲。拍了結婚照之後，妹仔的丈夫、丈夫的哥哥、兩個兒子，拍了一張全家福。兩天之後，妹仔安詳地離開了人間，但她與丈夫、兩個兒子的心願都圓滿了。

謝建泉醫生說：「從前的夫妻，很多是一個行前、一個行後。如果走到人生最後的日子，能夠每天手牽手，反而是一生最甜蜜的時刻，是很美妙的。」

與何教授是鄰居的黃馮玉棠，本來不太認識何教授的，只知他是世界權威的腫瘤科醫生，她笑說：「他說你有癌，你就是有癌的了！我們住的那區，幾乎都是醫

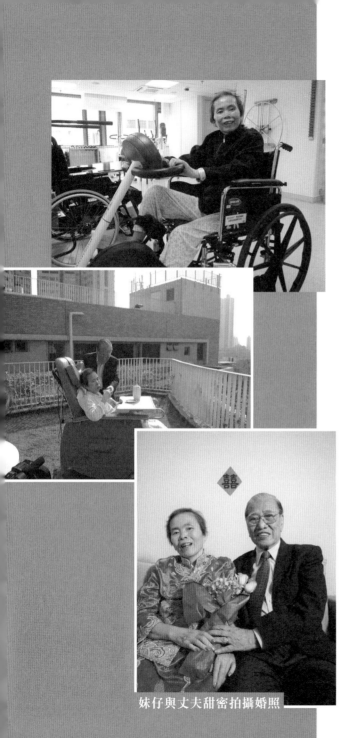

妹仔與丈夫甜蜜拍攝婚照

生，所以沒有特別認識他。反而去了防癌會當義工後，才知道防癌會是他創辦的。」黃太是資深的醫務社工，常幫病人轉介到南朗醫院，看見病人的淒涼境況，工餘時便到防癌會當義工，能幫甚麼就幫甚麼。

黃太說：「覺得很有意義，能將自己工作時的經驗、人脈關係，為病人奉獻出來，幫到病人。當了『改善癌病人生活基金』委員會主席後，常要東奔西跑，常見不同的善長和機構，向他們推薦關懷癌症病人的計劃、心願計劃，樂此不疲。最意想不到的，是我以為人在其位時，才會人人給面子，不在其位，人情會冷下來。誰知，人人都願意幫助，可見大家都認同防癌會數十年所做的一切，認為值得幫助！」

防癌會最好的，是簡單實在，黃太說：「沒有一堆手續、看不明的條件，不像申請一些其他基金，不獲批准也不知道發生了甚麼事。我們絕對不會不理病人是否需要餅乾，自己有一堆餅乾，便硬要病人收

下餅乾。而是，知道病人確實有哪些需要，沒有的，都會想辦法去找，甚至自己去創造。基金委員會每星期均會審批個案，通過資助，快而實在，真的幫到病人。60 年代，民生普遍貧困的年代，南朗醫院已經這樣幫助病人，是很前衞的，是真的有使命感的做法，說了幫就動手！」

黃太又說：「何教授很疼錫病人，吸引數不清那麼多人，薪火相傳，無償的為病人付出。整個委員會成員，都很錫病人，團結、盡力的去幫。」

前衞的防癌會，一直站在戰癌——抗癌、防癌的最前線，從建癌症醫院開始，已經是沒有人做的，防癌會當先鋒去做，做個範例出來，啟發政府、其他機構和人去做。做了這麼多年慈善工作，黃太與受惠者大都素未謀面，卻經常在某些場合裏，突然有人跑來跟她說：

「謝謝你！」可能，接受完道謝仍不知那人是誰，但黃太說：

「感覺是無比的甘甜！」

抗癌不必單打獨鬥，我們與您攜手同行！

一人患病，全家受影響，根據香港癌症資料中心的數據顯示，2017年本港確診患癌新症多達 33,075 宗，比 2016 年多出 1,607 宗，升幅達 5.1%。即等於逾 3 萬多個家庭受影響，當中包括基層家庭。

現屆防癌會主席朱楊珀瑜，退休前是社會福利署副署長，她很清楚個人、家庭及社區互動的重要性。因受影響的癌患家庭逾萬，所以她在 2011 年全力推動「香港防癌會——譚雅仕杜佩珍『攜手同行』癌症家庭支援計劃」。朱太說：「感謝譚雅仕杜佩珍慈善基金捐出第一筆善款，讓先導計劃得以展開！並讓防癌會設立第一個中心，從幫助港島區的病人和家屬做起。此計劃成功委託香港大學社會工作及行政學系作成效檢討，以實證方法評估計劃的成效及了解服務需要，並研究日後的發展方向。」

癌症病人，知道患上癌病時，大多會感到徬徨失措，家屬也受影響！「攜手同行」專業團隊走入社區，直接支援病人和家屬。前立法會議員陳婉嫻稱：「兩年前，我接到驗身報告，醫生告訴我患了乳癌。聽了之後，衝擊真的非常大，大到不知如何面對。在這時候，如果有專業人士與我攜手同行，一切都變得不同了。」

個案分享（一）

年前，高先生確診患上血癌，這突如其來的噩耗令枕邊人手足無措和焦急起來，完全不知如何是好！毅然致電 1083 詢問：「有沒有機構可以幫助我和患癌的丈夫？」對方立即給了高太一個電話號碼——「攜手同行」專線：3921 3777，或許當天高太在辦公時間外致電，求助電話被轉駁至留言信箱服務。

不久，防癌會的註冊社工張姑娘，聽到高太的「求救」留言，馬上回電給她：「高太告訴我，她是泰國人，能聽說中文

但看不懂，丈夫證實罹患血癌，行動不便，但她住的那個公屋單位並沒有升降機可直達。加上，丈夫因受治療副作用影響，吃東西時會嘔吐，她不懂該如何照顧丈夫。丈夫原是家庭經濟支柱，現在只靠她微薄的薪酬才能勉強維持生計，她還要照顧年過70歲的奶奶，所以她很擔心，情緒很低落。」

於是，張姑娘登門探訪，了解實況，看看社會有甚麼資源可以支援她們。首先，介紹他們申請一些基金，減輕藥物費用上的負擔。然後，借一架輪椅，方便高先生出入。

高太說：「防癌會真的幫了我們很大的忙！每次打電話真的有人接聽，有人願意立即幫助我。當我徬徨無助時，張姑娘會跟我聊幾句，提醒我可以怎樣做，還提供中肯的意見，我的心就頓然有了依靠。初時，我常徘徊在家樓下，不知何去何從，

現在，我已回復心情去逛逛街，感覺放鬆很多。當初沒有你們的支援，真的不知怎麼辦！」

酈萃玲姑娘與陳小姐合照

個案分享（二）

陳小姐是癌症康復者，2011 年確診患上二期乳癌，完成手術後不久，經朋友介紹到防癌會中醫藥中心求診，以調理身體。在等候診症期間，陳小姐和陳媽媽遇見「攜手同行」計劃的註冊護士廓萃玲姑娘主動上前介紹服務內容。在整個傾談過程中，陳小姐感到廓姑娘就像她的朋友般，面帶笑容地關心情緒低落的她，還指導她如何處理治療副作用，又給陳媽媽提供健康飲食建議，並為她們送上實用的癌症資料小冊子和營養奶試飲包，可謂滿載而歸，身心甚是踏實滿足。

每當陳小姐陷入胡思亂想之際，她都會主動致電給廓姑娘傾訴，因大家都是女性，廓姑娘又是專業護士，很多不知可跟誰談論的問題、心中話，陳小姐都跟廓姑娘細說了，可見彼此建立了相互信任的關係，真正發揮「攜手同行」的力量。此外，陳小姐偶然會收到廓姑娘的電子訊息和親筆心意卡，讓她感到被重視和心存感恩。

踏入 2015 年，陳小姐懷疑乳癌復發，因她發現另一邊乳房有硬塊，她馬上又找廓姑娘傾訴和尋求專業意見。經過廓姑娘耐心講解和鼓勵下，陳小姐鼓起勇氣約見腫瘤科醫生了解情況，幸好經檢查後證實該硬塊屬於良性，只需接受簡單手術便可，陳小姐終可放下心頭大石。

到了 2017 年，年邁的父親確診早期胃癌，因父親年事已高，陳小姐不忍心讓他經歷手術、化療或標靶治療，於是便定期帶爸爸到防癌會中醫藥中心求診和約見廓姑娘，查詢有關「香港防癌會中醫藥資助計劃」的申請詳情和辦理申請手續，以減輕其家庭經濟負擔。

全方位支援 凝聚同路人

計劃主管李周翠娥女士說:「這個計劃最大的特點,是個人化支援,每宗個案都是由同一位護士或社工一直跟進。除了透過電話慰問和上門探訪外,計劃職員更定期舉辦茶敍交流會和各式各樣的活動,讓同路人互相支持,發揮最大的互助功能。此外,防癌會還在各區舉辦課程、工作坊,增加市民大眾防癌、治癌、戰癌的知識和分享最新資訊,提昇自我抗癌能力,建立身心健康的生活習慣,倡導香港成為一個「抗癌社群」。

定期舉辦聚會,同路人互相交流、鼓勵

服務使用者感言

乳癌康復者鄭太說：「防癌會經常安排茶敍，我和丈夫每次都踴躍報名參加。」

乳癌康復者家屬鄭先生說：「與同路人交流後，令我獲得很多癌症資訊，更重要的是讓我知道，在抗癌路上不是只有我自己和太太。原來，每個人在戰癌路上，都各有方法，各有心得，很有趣。」

乳癌康復者 Doris 說：「與同路人交流後，當初害怕的，變得不再可怕，例如有些病人對治療有很大的恐懼感，並不肯接受醫生的治療建議，反而聽了同路人的分享，明白如何渡過副作用之後，便願意接受治療。在整個治療的過程，一群人互相支持、鼓勵和打氣，無論對癌患者或家屬都有很大的裨益。」

陳伯是肺癌康復者，他樂觀的人生態度，直接影響身邊悲觀的病人，他邊吃邊說：「朋友問我有何打算，我說『吃完叉燒包再算！哈哈！』」

上述的感言正如防癌會主席朱太說：「同路人講一句，往往比我們講十句有效。」

服務發展里程

2015年，香港賽馬會慈善信託基金首次資助「攜手同行」計劃3年，香港賽馬會慈善及社區事務執行總監張亮說：「癌症是香港頭號殺手，很高興可與防癌會合作，推動這個項目。」

服務的據點，由初期港島區的香港防癌會（總辦事處）擴展至九龍觀塘區的「基督教家庭服務中心」！觀塘中心總幹事郭烈東說：「觀塘，是一個基層家庭特別多的地區。基層家庭不論在知識、經濟、人際網路上，都比較單薄貧乏，很需要我們攜手同行戰癌。」

感謝香港賽馬會慈善信託基金資助「攜手同行」計劃
（左起）鄭曹志安女士、關銳煊教授、梁智鴻醫生、
高永文醫生、葉澍堃先生、朱楊珀瑜女士、陳麗雲教授

2018 年，香港賽馬會慈善信託基金繼續資助本計劃推行至 2021 年，服務的據點由防癌會總部、觀塘中心，再加入「雅麗氏何妙齡那打素慈善基金」的大埔中心，整個團隊共有 17 位工作人員，「攜手同行」癌症家庭支援服務，現已遍佈香港、九龍和新界。計劃推行至今共 8 年，支援了超過 5000 位癌症病人及其家人，任何有需要人士，可致電 3921 3777 尋求幫助。

與此同時，本計劃再次成功委託「香港大學社會工作及行政學系」進行成效檢討，並強化服務模式，香港大學社會工作及社會行政學系陳麗雲教授說：「這是一個很重要的支援服務，有專業註冊社工或護士，親自上門探訪，聆聽所有問題，幫助整個家庭，尋找資源，然後一直跟進，實屬難得。」

借鑒港大的研究結果，以及專業團隊不斷汲取實際經驗，服務不斷的加強、加深、加闊，現有服務包括：

支援癌患者、家屬及主要照顧者、電話輔導、上門家訪、外展到腫瘤科門診支援新症病友、地區茶敍、身心靈賦能課程、家庭同樂等，還資助經濟困難的病者購買服務，如中醫藥、營養諮詢、臨床心理輔導、陪診、家居清潔、乳癌術後配套等，讓病人在康復路上更有信心。

我們與您「攜手同行」

教育

教育從戒吃鹹魚開始

早在 60 年代，癌症是絕症，而且謬誤非常多：癌症會傳染的、患病的是不可接近的不祥人、被詛咒而得病的、患病是因為吸了毒氣、因為是絕症治療是沒有用的。大眾對癌症感到恐懼，欠缺正確的認知，就是以前癌症的實況。

何鴻超教授致力研究被稱為「廣東瘤」的鼻咽癌，確定誘因之一是鹹魚，70 年代世界性的發表詳細研究報告，獲得國際性獎項，教育大眾減少對幼兒餵食鹹魚，即可減少鼻咽癌的其中一個重要誘因。

很多醫療，注重花錢治療，但何教授同時注重研究成因，教育大眾防癌，令本來南方較多見的鼻咽癌，從此治癒率不斷提升。

當年，何教授的發表、呼籲，是公眾教育的開始，令本來是絕症的癌病，有了預防的意識，大大提高減低患病的機會。

南朗醫院醫、護、病人、家人、義工等，天天生活在一起，舉辦開放日，與社會從沒隔絕，還有很多娛樂節目，熱鬧和諧，更是實證身教，破滅癌症是傳染病等等的謠言。漸漸，愈來愈多病人能夠行出醫院，康復起來，連「絕症」這兩個字也慢慢打破，大眾重新認識癌病。

香港防癌會是實行癌症教育的先驅。

香港第一條華語癌症熱線

到了 80 年代，1985 年英國人 Mrs. Erica Henderson 創立了一條癌病熱線，利用電話解答病人的疑問。她在《南華早報》呼籲，希望加入華語熱線，因為來電的很多是華人，但沒有華人能用華語回答。潘若芙醫生看見了這段呼籲，便聯絡鼻咽癌康復者張佩蘭：「你的語文能力好，去參與啊！」

張佩蘭，1983 年只有 25 歲的她，香

港中文大學文學士、翻譯碩士、管理學和教育文憑課程畢業，前途無限，剛剛結婚，甜蜜地在日本度蜜月，感到生命實在太美好了！就在此時，從日本回港之後，連日鼻分泌出現血絲，到伊利沙伯醫院驗證，當時李詠梅醫生告訴她：你患了鼻咽癌。

在病房裏，遇到何教授巡房，可能佩蘭是難得的年輕女性鼻咽癌案例吧，何教授帶着一班年輕醫生來看佩蘭，佩蘭第一次認識了「偶像」何鴻超教授。進入治療階段，佩蘭又見到教授的大弟子潘若芙醫生，是她最痛苦時刻的主診醫生，為她治療，漸漸康復至今。

病情受控之後，潘醫生邀請學歷、中英文都好的佩蘭，成為香港第一條癌症電話熱線「癌病熱線」的第一位華人「主持人」，佩蘭回憶說：「潘醫生很有同理心，知道病人的恐懼，知道同路人的說話有力量，所以想到找同路人主持熱線。」佩蘭答應牽頭之後，潘醫生繼續物色了其他患不同癌病的康復者加入，連她在內共有 12 位義工，晚上 8 點至 11 點，在家裏接聽癌症病人的來電，在人人都避而不談的時代，突破性地，不忌諱的分享抗癌經歷，乃至以康復者的身份激發起一顆顆絕望的心，展開患難相扶的新領域。佩蘭說：「就算星期六、日，有空我也一定接聽。先由我聽，如果是鼻咽癌病患者，會由我答，其他癌症會分類，給相關的義工解答。」

潘醫生做事非常認真、細心和嚴謹，接聽熱線的義工，不能隨便找。她會親自接見同路人義工，要屬早期、不會復發的康復者，心態健康，能為病人豎立泰然面對的榜樣，也要是值得信任的人：「當然了，如果自己的身體和情緒仍未安頓，怎能輔導別人？」佩蘭說：「潘醫生也要確保我們明白回答得規範，甚麼該說，甚麼不該說，不能到病房探病人，不能推銷，實話實說就可以。有個案登記簿，有系統的紀錄病人情況、所屬的義工。義工們每

週都有聚會，哪位醫生有時間，潘醫生便會邀請來參與，討論那一週遇到甚麼問題，紀錄詳細。譬如乳癌病人，癌在左邊還是右邊都了解清楚，指導我們輔導病人。」

義工們編撰了一份中英對照的單張，名叫《竹報平安》，歡迎癌病者來電。劉威漢醫生為單張設計了標誌，潘醫生説：「劉威漢醫生有藝術天賦，請他勾兩筆，生動的美化畫面。」可見當年何教授轄下的醫護人員，經常都「不務正業」，參與很多幫助病人的「兼職」。

熱線，是公開接觸癌症的第一步。然後，88年潘醫生再邀請佩蘭在報紙上撰寫專欄，最早在《華僑日報》。潘醫生説：「自己擬定些問題自己答，都是病人最常見的困惑，最需要知道的內容。」專欄愈寫愈多，《快報》、《明報》、《華僑日報》、《經濟日報》、《東方日報》、《蘋果日報》等都有，專欄名為『癌病縱橫談』、『癌症資料庫』、『橋畔閒眺』、『癌症通訊

同路人

熱線竹報平安

站』等。有些內容，需要從英文文獻中翻譯過來，當然也交給佩蘭負責。」潘醫生還送了一本大字典給佩蘭。佩蘭為推動癌症教育，留下數以萬言，她説：「何教授十分開心，能展開大眾教育，每次在委員大會、員工聚會日都一定用不純正的廣東話説：『我們已經在報紙上寫「豬欄」（即專欄）。』」

90年代初，《東方日報》、《蘋果日報》的專欄裏，還提供了熱線電話號碼，配合解答疑難，潘醫生也不斷邀請不同的醫生

做後盾。

當了 35 年義工，刻骨銘心事不少，佩蘭說：「熱線的第一個電話，是一位患鼻咽癌的男病人，開口便說：『我想自殺！』他約我在當時中環的希爾頓酒店見面，他有很多很多問題：病會否傳染給太太，是否需要分筷子吃飯？能否一起睡？這位男病人的憂慮和問題，讓我更清楚，教育非常重要，他患病已令太太很傷心，還懷疑可否與太太一起吃飯和睡覺，令太太更難受、更不知該如何過日子，令治療的過程更加困難。不但病人要教育，家人同樣要教育。另一位乳癌女病人，醫生建議手術之後電療，但奶奶反對電療，令她錯過了最佳的治療時機，打電話來時已經晚期，癌細胞擴散到頸，而且很大了。」

也因為熱線，建立了很特殊的友誼：

家訪一位患乳癌的年輕母親，才 40 多歲，甫進她家門，看見窗前掛着一對一對小襪子，可以肯定，她的孩子仍很小；了

到學校與學生分享防癌知識

解之後，知道孩子是 7 歲和 5 歲。在醫院裏，兩個小兄弟，常伴在病榻的媽媽床邊做功課，時而合力推媽媽上廁所。

媽媽離世後，爸爸獨力支撐，佩蘭一直有跟進。約兄弟兩飲茶、喝咖啡。他們的學業，會給點意見，他們考中學找學校，也給點意見。現在，大哥在英國讀大學，職業是飛機工程師，弟弟在香港讀法律，媽媽都應該感到欣慰了吧！

1993 年，佩蘭與血癌病人林虔一起走入學校做生死教育。林虔，一位只有 24 歲的年輕小伙子，從國內來港，入住南朗醫院的善終病床，他很樂觀，很積極關心、鼓勵其他病友，也很主動的幫醫院勸捐，他笑容可掬，逢人就問：「你捐錢了嗎？」佩蘭說：「那年我和他一起入學校，與學生分享他患病、治病、康復的心路歷程，教導孩子珍惜眼前人，珍惜健康和生命。相信，我們是香港最早入學校談癌症和生命的病患者。」林虔很開心地說：「想不到我也有用，我也可以做到幫人的事，令我的病變得有意義。」

香港防癌會從此不斷的到處舉辦講座、展覽，拍攝光碟、製作片段、結集各大癌症專科醫生，編印小冊子，透過電子媒體、電台、電視訪問，貼近時代地，宣傳教育與癌有關的一切資訊。

廖敬賢醫生——防癌會癌症教育小組委員會主席說：「已經做了超過半世紀了，防癌會仍不停步的，向大眾宣傳治癌、防癌的訊息。」很多公開講座，市民及醫護人員也可參與，例如「食道癌——從中西醫角度談治療及飲食」、「大腸癌與飲食——識飲識食防腸癌」、「從中西醫角度了解防癌飲食——由專家為您解說當中的謬誤」、「癌症的預防與及早發現」等。

從中西醫角度了解防癌飲食——
由專家為您解說當中的謬誤

癌症的預防與及早發現

佩蘭於 1989 年獲選「十大傑出青年獎」，領獎的那一刻很感觸，完全沒有想過，人生會有此曲折又奇妙的際遇。她非常感恩遇到有非凡使命感的何鴻超教授、潘若芙醫生，挽救了她的性命。何教授權威又慈祥，令以為「死定」的佩蘭回復信心。也因為何教授和潘醫生，她在防癌會做義工超過 35 年，人生有了價值，直至現在。

佩蘭說：「何教授離世的那一天，正是我的生日！接到防癌會秘書的來電，告知教授彌留，我馬上從家趕到醫院，走到教授的耳邊說：『我一定會繼續做好義工的，很多謝您，為鼻咽癌病者做了這麼多。』」

定期舉行教育展覽及出版不同癌症教育小冊子

21 世紀的
智慧——
防癌

楊碧瑤太平紳士、林子祥先生、朱楊珀瑜女士與朱樂生先生

邁進新時代

香港防癌會過去半世紀，都是不顧一切的走在戰癌最前線，敢於與時並進，創建數不清那麼多「全港第一」的先鋒工作，人類邁進新世紀，一項非常重要的教育工作，就是宣傳——防癌！

防癌會經歷了七位主席，首六位都是醫療界，第七位是社福界的前社會福利署副署長朱楊珀瑜女士。梁智鴻醫生、謝建泉醫生都讚揚朱太：「她擁有領導不同團隊的能力，廣闊的人脈關係，對內對外的國際的視野。」

然而，社福界的朱太，緣何與防癌扯上關係，她說：「丈夫朱樂生，是潘若芙醫生的表弟！曾是防癌會和南朗醫院的義工。」當然，最重要的，是介紹了太太給防癌會。

「在香港大學讀社工碩士課程時，直接面對過癌症病人，接觸過生死，很震撼！」朱太說：「當時要到聖母醫院實習，有兩個癌症個案，一個是幾歲的孩子，患了血癌，另一個是 80 多歲老人，患了肺癌。那是我人生之中，第一次正面接觸死亡，很大衝擊！回家看了很多關於死亡的書，深思、細味癌症病人自己、家人和社會在面對死亡時應有的角色。這個經歷，再加上在英華女學校讀書時，校訓是『非以役人，乃役於人』。學校有一個活動，是每年感恩節，要去老人院或盲人院等贈送禮物，送禮之前，要好好的準備，認真思考，送甚麼禮物，真的適合對方：罐頭？甚麼罐頭？日用品？然後親自送到對方的手上，小時候就感受到『助人為快樂之本』。」

朱太自小就實踐一個理念：「好好珍惜、計劃生命的每一分鐘，幫助有需要的人。」

2002 年退休，筵開 47 席，朱太對大家説：「對我來説，退休不代表甚麼，我仍然繼續善用生命的每一分鐘，不會停下來。」

潘若芙醫生聽到這句話，就馬上對朱太説：「那麼，你是否應該來防癌會做些甚麼呢？」重新喚起朱太在大學時烙下癌症病人的記憶，所以，很樂意參與，答應加入。

2002 年，潘醫生邀請「阿姐」汪明荃加入，2004 年邀請了高永文醫生當主席，加強延續防癌會，朱太説：「防癌會是何教授以心血灌注而成的，一定要好好的做下去！」

2005 年何鴻超教授逝世，賽馬會答允資助，將南朗醫院轉型為香港防癌會賽馬會癌症康復中心，但需要自負盈虧。同一時間，而紀念何教授的助藥計劃又遇到阻滯，暫無沒法展開，困難一件接一件，處於十分艱難的時刻，高永文醫生説：「險些要結業了。」多少個晚上，大家聚集在高醫生的診所，努力扭轉大局。終於，憑好服務、好口碑、鍥而不捨，攻破重重困境，向自負盈虧邁進，同時亦展開助藥計劃。

2012 年，高醫生出任食物及衛生局局長，辭去主席一職，李詠梅教授臨時暫任，潘若芙醫生提出，邀請朱太接任主席，朱太説：「受邀的當時，自覺責任重大，獨力難當大任，建議委員們務必眾志成城，合作一起做，大家都贊成支持，我才答應當此主席之位。」

朱楊珀瑜女士及梁智鴻醫生

1 元 與 10 元 的 真 理

防癌，在 70 年代之前，是沒有人相信的夢話！今日，是每個人都必須把握，好好實踐的真事！70 年代，何鴻超教授發現鹹魚是鼻咽癌的誘因後，教育大眾避免用鹹魚送飯，對於「防癌」，社會大眾就有了轉變性的認識。

「治癌在近二、三十年間，有很大的轉變。」梁智鴻醫生說：「從絕症到有得醫，或延長生命時間；從沒有人認為可以防癌，到現在大家都不能不承認，部分癌症是可以預防的。大眾都知道大腸腫瘤與及早發現大腸息肉，儘早切除可防止大腸癌。知道乙型肝炎會引發肝癌，患乙型肝炎，應儘早控制，甚至避免患上乙型肝炎，嬰兒應注射預防針。從前，肝病手術是危險的手術，現在安全性增大了。注射子宮頸癌疫苗，可預防子宮頸癌。不要吸煙，可以減低患肺癌的機會。及早發現癌病，經過治療有些可以斷尾。乳癌，從前會大如網

（左起）高永文醫生、顏婉嫦教授、應志浩醫生、盧永傑醫生

球才確診治療，現在定期檢查，可以在比芝麻還小時就切除，而且很多都康復得很好，不會復發。積極治療，現在癌症是有得醫的。就算是末期癌症，有些能延長生存期，不適的症狀也可以紓緩。」

根據數字顯示，癌症新證個案仍然每年增加，增加的原因，一部分是與人口老化有關，另一原因是大眾對癌症認識增加，接受了定期檢查的概念，因而增加確診個案。

所以，大眾必須清楚明白，把握當下，為健康身心下功夫，猶如付出 1 元；對將來患癌受苦，猶如付出 10 倍代價的 10 元，大大減低了！

「現在人人都應該有『付出 1 元，省回 10 元』的智慧。」朱楊珀瑜説：「及早正視防癌，在日常生活上付出少少，不煙、不酒、少熬夜、健康飲食、開朗心境、保持運動、檢查身體。就可以省卻將來患病，要付出 10 倍的代價，手術、化療、電療、影響家庭、運用社會資源等等的艱苦後果。」

開始「付出 1 元行動」吧！

初期發現、接種疫苗、
適時篩查

「付出 1 元」行動，還包括及早預防及發現、接種疫苗、適時篩查。

「過去曾出現各種癌病篩查，但一直有爭議。」高永文醫生說：「民間有很多疑問：是否真的好？是否有用？做篩查之後，能救治的比例如何？會否對身心造成傷害？所以，篩查的推動停滯不前。何鴻超教授成立的香港癌症資料統計中心，對此幫助十分大，中心提供了很權威的專業數據。加上防癌會執行委員會擁有強大的腫瘤科醫護團隊，在沒有商業利益下，非只局限於某種癌症，而是顧及所有癌症，已有超過半世紀歷史的防癌會，最具權威、公信力，最適合協助訂定標準，發表指引，讓各界釋疑。因此，防癌會早年編印《癌症的普查、探測與預防──給醫護同業的指引》，專供同業參閱。適時篩查、接種疫苗計劃，得以展開。」近年推動防癌計劃：

1. 子宮頸癌疫苗注射：公開呼籲適齡的女士注射子宮頸癌疫苗，由政府的「關愛基金」執行；

2. 腸癌篩查：根據中心的數字顯示，腸癌數字不斷躍升，與本來是頭號殺手的肺癌，成兩條交叉線前進，時或腸癌領先，時或肺癌追上來。因為腸癌可以篩查，於是，突破性地提出，50 歲以上，不分男女，不論患癌風險，建議進行腸癌的篩查；

3. 定期檢查，及早發現：呼籲重視「付出1 元行動」，不煙不酒、少熬夜多運動、保持心情開朗，飲食健康、檢查身體，已減少 1/3 機會患癌；同時，早期發現的癌症治癒率高，甚至能斷尾。

高永文醫生呼籲大眾預防腸癌

瘤防治學術非牟利組織，創立於 1933 年，總部設於瑞士日內瓦，與全球抗癌專家合作，創立並執行計劃。

1964 年香港防癌會加入成為全港唯一的會員機構，1990 年 UICC 更頒發感謝狀予防癌會創辦人何鴻超教授，朱楊珀瑜説：「UICC 是非常嚴謹的組織，還是會員制機構，經過嚴格的挑選，確定其代表性，何教授與 UICC 一直關係密切。」

2013 年 防 癌 會 50 週 年， 香 港 響 應 UICC 之 "World Cancer Day"， 聯 同 40

「控制癌症：挑戰與機遇」專題研討會
（左起）李詠梅教授、梁智鴻醫生、
陳肇始教授、朱楊珀瑜女士、陳漢儀醫生及
Prof Mary Gospodarowicz

進一步與國際接軌

「香港癌症日」在 2013 年誕生了！

香港防癌會將每年 12 月的第二個星期日定為「香港癌症日」，過去 6 年，全港市民都可參與嘉年華式的防癌、治癌、戰癌活動。

香港癌症日

世界癌症權威組織「國際抗癌聯盟」UICC，每年 2 月 4 日都舉辦「世界癌症日」（World Cancer Day），呼籲全球關注不同的癌症議題。

國際抗癌聯盟是全球最有影響力的腫

個政府部門、非政府機構及公司，舉辦首屆「香港癌症日」（Hong Kong Cancer Day），同時舉辦「癌症的挑戰與機遇」專題研討會。

UICC 主席 Prof. Mary Gospodarowicz 首次來港參觀防癌會，並擔任「香港癌症日」主禮嘉賓之一，並參與研討會，讚嘆這個由官、商、民間結合的組織，數十年來，如此認真的為戰癌做了這麼多工作。朱太說：

「UICC "World Cancer Day"，原在每年的 2 月 4 日舉行，但香港時近新春不太好談癌，『香港癌症日』就定在每年 12 月舉行。」2013 年第一屆的主禮嘉賓，是當時的政務司司長林鄭月娥，她致辭時說：「值得年年舉辦。」

「香港癌症日」至今已舉辦了 6 屆，以嘉年華會形式舉行，香港防癌會傳訊及籌募委員會主席兼香港癌症日籌備委員會主席是鄧智偉教授，每年都有不同的主題：

第一屆 2013 年 -
為生命喝采
Celebration of Life

首屆癌症日，由著名歌星張學友任活動大使，他坦言：「父親和奶奶都曾罹患癌症，自己亦已年過 50，屬高危一群，並曾照腸鏡時切除息肉，願意擔任大使，說笑是因為怕死，想急補更多的防癌知識。」

第一屆香港癌症日活動大使張學友先生

首屆香港癌症日以「為生命喝采」為題

第二屆 2014 年 -
健康人生。抗癌有您
Stay Healthy, Stay Cancer Free

第二屆香港癌症日邀得著名藝人肥媽（Maria Cordero）及著名粵劇老倌羅家英任活動大使，兩位活動大使曾患上癌症，但透過樂觀、積極的心態，克服癌症帶來的傷痛，鼓勵大家正面對抗癌症。

活動大使羅家英及 Maria Cordero

大會請來香港知專設計學院 HKDI 傳意設計及數碼媒體學系、主修視覺傳意的 10 多位學生，參與「藝術治療工作坊」，與 10 位 8 歲至 77 歲的癌症病人，透過粉彩繪出「我心愛心」。

朱太說：「由學生帶動，不但充滿活力，而且讓他們明白所學的藝術，能夠幫助病人抒發心情，別具意義。令我印象最深刻的有兩幅畫：一幅是 20 多歲女病人的作品，她年輕貌美，用線條塗了燦爛的色彩，表達了她患病前精彩的人生，及後她用黑色將整張紙抹黑，代表她患病時沉重的心情，其後用刮圖的效果將色彩重現，表達治療後，生命色彩又重現了！這幅作品表達了病人確診癌症前後的經歷，別具意義。另一幅是 60 多歲伯伯的作品，他畫了一個平靜的湖，與太太泛舟湖上，這是他面對癌病的心境：善用時間，與最親的人在一起。

藝術治療工作坊

藥物治療外，協助癌症患者改善生活質素、減少憂慮亦非常重要，故本會一直提供心理輔導、朋輩支援服務、藝術治療及音樂治療等，希望藉此讓癌症患者釋放情緒，改善生活質素。」

（左二、四）　活動大使藍奕邦先生與時任財政司司長曾俊華先生

第三屆 2015 年 -
您我一起。預防癌症
Together, We Prevent Cancer

　　音樂與癌症息息相關，鄧智偉教授説：「不少癌症病人均出現情緒困擾，有研究顯示，70.1% 癌症病人感到擔心、約 29.6% 感到緊張、接近 14.6% 出現抑鬱的情況、約 12.6% 感到焦慮。我們相信癌症治療除

　　音樂人藍奕邦為這屆癌症日擔任活動大使，他的母親因為胃癌而離世，由於媽媽一直諱疾忌醫，或許因此而耽誤病情，他在活動上鼓勵大眾，除定期進行身體檢

查，亦要保持健康的生活習慣，飲食均衡，適量運動，爭取足夠休息時間，保持開朗的心境。

香港防癌會舉辦「舊曲新填創作比賽」，選了 7 首耳熟能詳的歌曲，讓參賽者重譜新詞，著名填詞人鄭國江老師是評審之一，他說：「參賽作品水準之高，令我有很大的驚喜，是次比賽題材不容易掌握，但參賽者卻透過文字的描述、發揮得淋漓盡致，帶出大會抗癌的訊息，而且作品內容非常豐富及廣泛。」

著名填詞人鄭國江老師

第四屆 2016 年 -
識飲識食 ● 惜健康
Healthy Diet, Healthy Life

「很多人誤會，除了定期檢查及接種疫苗外，癌症無從預防。其實健康飲食，不但預防三高、心臟病及肥胖，減少進食紅肉、加工肉類也是預防癌症的重要一環。」防癌會癌症教育小組委員會主席廖敬賢醫生說。

第四屆香港癌症日啟動禮

踏入冬天港人紛紛出動「冬天三寶」——打邊爐、韓燒及燒烤，但防癌會調查發現，市民一餐「冬天三寶」的紅肉分量已較每日建議攝取量超標 2.7 倍！

為宣傳「健康飲食」的重要，馬浚偉先生示範用藜麥、鷹咀豆及雞肉製作健康的漢堡包，又到院舍探訪病人及家人。

這屆的活動大使著名藝人馬浚偉說：「母親在我 6 歲時患癌，到了中學，我開始千方百計搜集各種資料，尋找幫到她的方法，健康飲食，是很大的助力。因此煎炸、太辣、太油、醃製的食物，我基本上不吃，加工食物少吃，家中沒有即食麵。實行多菜少肉，注意均衡營養。」

第五屆 2017 年 - 健康人生齊「喜」動
Be Active, Stay Healthy

著名音樂監製趙增熹擔任這屆的大使，與鄧智偉教授呼籲大家多做運動。趙增熹和鄧智偉的父親，都是癌症逝世的，身邊也有不少癌病的親友，知道癌症是不容易應付的病。趙增熹在著名藝人江毅叔肺癌晚期時，經常去探望：「目睹病人受苦，日漸消瘦至樣子都認不到時，真的很難過。」趙增熹希望人人都在健康的時候，就注重身體，多做運動。他近年鍛鍊養生氣功，固本培元。

主禮嘉賓透過踢足球呼籲大家多做運動

港台主持程潔明小姐、廖敬賢醫生、郭羨妮小姐、港台主持沈達元先生

郭羨妮小姐與鄧智偉教授分享健康飲品

第六屆 2018 年 -
防癌攻略，全民踢「酒」
Anti-Cancer, Say No To Alcohol

俗語說「一醉解千愁」，但近年港人飲酒已經不限於要解愁的時候，啤酒節、美酒節接力登場，飲酒已成為港人日常休閒的一部分，卻不知酒會增加患癌的風險，儘管每日只飲一杯啤酒！年輕女性飲酒更會增加患乳癌風險。

為讓大眾了解酒精與癌症的關係，這年癌症日的主題是「踢酒」，大使郭羨妮與鄧智偉教授教大家做有益健康的水果綠茶。

而執行委員「阿姐」汪明荃亦分享自己的養生之道，如每日行一萬步之餘，多年來維持清淡飲食；飲品方面，雖然「熱咖啡」是她的名曲，但原來不論冷熱咖啡她也不喝，更不會飲酒精飲品；因為知道酒不利健康，近年獨愛飲茶，甚麼茶也喜歡。

汪明荃博士身體力行呼籲大家遠離酒精

　　事實上防癌會亦「身體力行」，籌款晚宴等活動一概不設酒類飲品，衞生署長陳漢儀亦非常支持及讚賞防癌會的撤酒行動。

戰癌的重要書籍《癌症圖譜》

「世界抗癌聯盟」UICC 對香港防癌會的專業和權威性很有信心，2015 年邀請李詠梅教授統籌出版《癌症圖譜》第二版（中文版），於西太平洋區域抗癌研討會時面世，並安排新聞發佈會，讓各有關機構、人士關注防癌工作。

「這是一本非常重要的戰癌書籍。」李詠梅教授説：「是全球癌症資料的代表性書籍，結集全球癌症資料的圖譜，內容與英文版一樣，防癌會召集香港專科醫生團隊編撰中文版。《癌症圖譜》搜集了世界衛生組織、全世界癌症資料中心，各國專家學者的資料、全球癌症發病和死亡率等，UICC 希望譯成不同語言，有中文版可以派發到中國大陸、華人社區，教育推廣。香港也能掌握數據，游説政府多做抗癌的工作，然而抗癌非一人一機構的責任，政府、民間同樣重要，大家都應出力。」

Dr. John Seffrin，美國癌症協會首席執行官在序文説：「這本重要的出版物，對參與抗癌戰鬥的每個人，都將是必不可少而且容易獲取的資源，提供了大量令人信服的數據，來幫助全球各地的社區和國家對抗癌症。」

《癌症圖譜》（中文版）前言説：「將世界各地的癌症控制專家，聚集在一起，介紹主題包括實用且易於理解的信息，來幫助對抗癌症。這本全新版本，描繪了有關癌症負擔、相關危險因素、預防方法和控制措施信息的綜合整體概述，以方便使用，且容易獲取的形式，為癌症控制倡議者、政府和公共衛生機構、政策制定者，以及患者、倖存者和普羅大眾，提供了有關全球癌症負擔的基礎信息，它將成為促進全球癌症預防和控制的寶貴工具。」

李教授除了統籌整本書的編撰外，也列出癌症的不同影響、如何與政策配合、服務應該注意甚麼等，香港防癌會與世界

全面接軌，也為世界防癌、治癌、戰癌，

奉獻專業的經驗。

癌症圖譜

無私的緣份

「一個凝聚民、官、商的非牟利機構，在半世紀以來，為癌症病人做了這麼多工作，的確令人驚訝！」Prof. Mary Gospodarowicz 是「國際抗癌聯盟」UICC 的代表，到訪防癌會之後，讚嘆香港有這樣的機構。

現任防癌會主席朱楊珀瑜説：「防癌會的委員會，逾半世紀來聚集了放射及腫瘤界、紓緩專科醫護人員，及其他專科醫療界、政府各界、社福界、商界、法律界、會計界的精英人才外，演藝界的『阿姐』汪明荃，還有年輕的專業人士亦有參與。」

「香港防癌會」2018-2019 年執行委員會成員

會長	黃培傑先生	劉家馨女士
梁智鴻醫生	**執行委員會**	廖敬賢醫生
榮譽副會長	**主席**	鄧智偉教授
陳婉珍博士	朱楊珀瑜女士	董秀英醫生
鄭曹志安女士	**副主席**	董煜醫生
張應友博士	李詠梅教授	汪明荃博士
高永文醫生	**義務秘書**	黃馮玉棠女士
郭少明博士	張達明律師	楊美雲醫生
林李婉冰女士	**義務司庫**	應志浩醫生
雷羅慧洪女士	鄭康棋先生	**義務法律顧問**
鄧鉅明博士	**委員**	徐美玲律師
榮譽顧問	張佩蘭女士	**義務核數師**
潘若芙醫生	李惠信醫生	張梁許李會計師事務
溫文儀先生	梁明娟醫生	所有限公司

後排（由左至右）
梁小雲小姐、徐美玲律師、張佩蘭女士、黃馮玉棠女士、廖敬賢醫生、
鄭康棋先生、鄧智偉教授、應志浩醫生、李惠信醫生、張達明律師、
董煜醫生、楊美雲醫生、劉家馨女士

前排（由左至右）
汪明荃博士、潘若芙醫生、張應友博士、鄭曹志安女士、梁智鴻醫生、
朱楊珀瑜女士、林李婉冰女士、李詠梅教授、梁明娟醫生

一代又一代薪火相傳

香港防癌會執行委員會的成員，每一位都是大忙人，每一位原本都可以省回自己的時間，多點休息，甚至退休弄孫為樂，卻選擇了參與防癌會。委員會結集了資深的戰癌人物，也有年輕的新力軍。

鄧智偉教授是腎科教授，是年輕的新力軍之一，是高永文醫生邀請加入防癌會：「從高醫生介紹，知道防癌會的歷史，是不為宣傳、只為癌症病人做實事的機構。最初接觸防癌會時，已覺得很有趣，大樓裏有專業的美髮屋，齊備各款時尚的假髮，指導病人如何保持『扮靚靚』；煤氣公司贊助了一個專業的廚房，讓病人和家人一起弄食療；有各種不同的手工藝，讓病人和子女『家庭樂』地做工藝。實而不華的照顧病人身、心、社、靈，不是只有口號。」

背後的團隊，真的是醫療界粒粒天王巨星，凡事親力親為的去做。鄧教授說：「所有委員，都各有特色，各有角色，各有長處，但同樣苦心經營。『阿姐』汪明荃，她一身涉及很多界別，當然無法逐項做，但她善用自己的知名度，幫助防癌會，而且非常用心。之前她仍在演出自己的演唱會，百忙之中也抽時間來開會；然後在弄頭髮時，不因忙累而用空檔去休息，而是拿着 iPad 看會務，看到有意見的，便一條一條的列出來，列了 10 多項意見，馬上傳出來，怎不令人敬佩！」

施俊健醫生，是另一位新力軍，防癌會癌症教育小姐委員會委員，臨床腫瘤專科醫生。年輕的他，每天接觸的，都是癌症病人；每天看見的病人，都讓他深深明白，患癌的病人、家人，都受着身心之苦：「加入防癌會的原因很簡單，就是奉獻自己的經驗，為不安、悲觀、負面的病人和家人做點事。」

黃焯添是冠忠巴士集團首席營運官，與防癌會「相知相遇」是從 2015 年開始，他說：「2015 年冠忠巴士慶祝 50 週年，

父親黃良柏常教『取諸社會，用諸社會』，希望多點參與公益活動，回饋社會，舉辦了『冠忠金禧大嶼行』慈善活動，選擇受惠機構時，做了些資料搜集，認為防癌會是務實、服務質素高、為癌症病人做了很多事的機構，便選了防癌會。」

漸漸，認識了防癌會，是個與眾不同的機構：「一群人不忘戰癌初衷，努力了半個世紀，令我很感動。大夥兒有事二話不說就到，主席朱太的工作經驗、關係網絡很充裕、各方面的知識都很豐富，為防癌會取得很多資源。鄧智偉教授不但是腎科教授，歌喉還非常好，這麼忙仍為防癌會邀請嘉賓開演唱會籌款。還有一班員工雖是受薪的，但事事上心而且拼搏，萬眾一心，我也希望能出一點力。於是，2018年接受邀請加入成為防癌會傳訊及籌募委員會的成員。」

今年才 30 出頭的黃焯添，十分鼓勵年輕人認識癌症：「頭號殺手，必須要認識，會對人生有不同的看法，學懂關懷患病的人，學懂面對問題需有正面態度，更學懂珍惜眼前人，知道一切非偶然，對自己成長幫助很大。」接觸了防癌會之後，冠忠巴士也進一步發展無障礙交通服務、幫助南亞裔的孩子學習等公益事業。

黃焯添先生

認同服務　熱心捐獻

香港防癌會為沒有經濟能力的癌症病人及其家人，提供多項慈善項目，幫助他們面對癌病帶來的困境，讓他們可以得到最適切的支援。同時，透過不同途徑讓大眾認識並支持我們的工作，得到不少企業、團體、機構及慈善基金等認同我們服務的理念，成為我們的策略伙伴，紛紛透過不同形式的捐獻及贊助，讓這些慈善項目得以延續。

慈善晚宴

防癌會於 2006 年舉行首屆慈善晚宴，獲不少名人、紅星及慈善家的支持。自 2009 年起，富豪國際酒店集團更多次冠名贊助防癌會的慈善晚宴，不僅免費提供場地及餐飲服務，亦為晚宴設計健康及富有特色的菜式，讓一眾參與善長可以做善事之餘，同時可以享用一頓美饌。集團執行董事兼首席營運官楊碧瑤太平紳士指：「防癌會一直是本港抗癌先驅，深信慈善晚宴的活動能讓更多人關注癌症、加強對癌症病患及防癌會的支持，因此集團希望藉着贊助晚宴，幫助防癌會籌得更多善款。」

富豪國際酒店集團執行董事兼首席營運官
楊碧瑤太平紳士

渣打香港馬拉松

　　由香港業餘田徑總會主辦及渣打銀行（香港）冠名贊助的體壇盛事「渣打香港馬拉松」，自 2010 年起的慈善跑項目，防癌會均被選為其中一間官方受惠機構，跑手可以藉此為防癌會籌款。過去 10 年，超過 3,000 人次的跑手為防癌會籌款，不僅為癌症病人跑出希望，更讓市民大眾加深對癌症及防癌會的認識，使更多有需要的患者得到支援。

防癌會是渣打馬拉松官方指定受惠機構之一
（左四）渣打銀行大中華及北亞地區行政總裁洪丕正先生

慈善高爾夫球賽

2014 年防癌會舉辦首屆慈善高爾夫球賽，並在清水灣鄉村俱樂部全力支持下順利完成，慈善高爾夫球賽自此成為防癌會每年的重點籌款項目之一。善長既可享受打高球的樂趣，同時亦可為防癌會籌款。

球手比賽前的大合照

面對頭號殺手　全民參與

2019 年 2 月的兩個晚上，在演藝學院內上演別開生面、別具意義、聲色藝全、為防癌會籌款的音樂會——《我哋唱乜》慈善音樂會！

「唱乜？」著名音樂總監趙增熹當然專業了，顧問亦邀請著名填詞人鄭國江老師，其他演出者，也是重量級的！主唱是鄧智偉教授，合唱有無敵組合「防癌五虎將」——梁智鴻醫生、高永文醫生、郭少明博士、鄧鉅明博士，當然還有鄧智偉教授！邀請的嘉賓，有保安局長李家超、汪明荃、郭羨妮、梁釗峰、胡琴演奏家辛小紅、小提琴家陳清德、陳志雲、楊立門、李穎思、Larry & Polly Yu、李文斌、李何芷韻，還有鄧教授的兒子鄧俊達等，座無虛席。鄧教授說：「當晚所有嘉賓，都是我親自去邀請的，還邀請了兒子演出小提琴，也邀請了父母來聽。父親很喜歡聽我唱歌，更喜歡聽我的兒子拉小提琴，他說：

特別嘉賓汪明荃博士

『不需安排我坐前排，你留高處的票給我就可以。』」誰料，世伯於音樂會演出前一個星期，因胃癌逝世⋯⋯

演唱會當晚，座位依然留了，鄧教授收拾心情說：「他現在坐在更高的座位了，一樣聽着我和孫子的歌聲和琴聲。」

他仍然很投入的唱歌，為防癌會盡力籌款。事後，感受很深的說：「醫療發展到今日，很多疾病都可以控制了，父親心臟有問題，安裝起搏器之後，生活如常，就過不了癌這一關。我想，上天總是留一

點威脅給人類吧，否則所有人都百二歲。」

當晚是音樂總監的趙增熹，很讚嘆防癌會的團隊：鄧智偉教授面對父親逝世，依然專心演出；「防癌五虎將」每位都是大忙人，演出之後就離港公幹；在場的，多少出錢又出力的，支持將戰癌的使命延續下去。

防癌會集結一代又一代、不同界別的有心人，薪火相傳，支持防癌會，同心同願的為扶助病人戰癌努力，趙增熹說：「很感謝防癌會為癌症病人做了這數十年工作，全力支持防癌會，任何可以幫忙的，一定隨傳隨到。」

（左起）高永文醫生、鄧鉅明博士、梁智鴻醫生、郭少明博士、鄧智偉教授

《我地唱乜》慈善音樂會音樂總監趙增熹先生

「阿姐」汪明荃是音樂會的特別嘉賓，也是癌症康復者，說：「防癌、治癌，是本世紀重要的命題。每個人都必須面對這個頭號殺手，必須參與推動，形成一股強而真確的力量！我很願意，與防癌會一起站在戰癌的最前線；因為他們在這半個世紀裏，做了很大量、開天闢地的工作。而且，不是對某種癌症，而是對所有癌症。」

回顧從 60 年代開始，必須做的、沒有人做的，防癌會都去做：

- 建癌症醫院、癌症康復中心、中醫藥中心；

- 進行癌病研究；

- 為經濟有困難的癌症病人，提供直接資助、助藥、慈善愛心病床等服務；

- 培訓一代又一代的醫護人員；

- 上門探訪和支援癌症病人和家庭；

- 掌握統計數字，向政府及醫護界提出改善方法；

- 與國際權威癌組織攜手，制定防癌、治癌、檢查篩查的計劃；

- 結集醫護專業人才、義工，透過不同媒體宣傳教育。

汪明荃鼓勵大家，同心協力維持香港防癌會重要的戰癌工作：「能夠在半世紀裏，做到影響香港、乃至國際的大量工作，一直都是靠民間力量，有錢出錢，有力出力！」傳訊及籌募委員黃焯添說：「了解防癌會後，便知道他們種種照顧病人的工作，要求水準都很高，遍及身、心、社、靈、家人、聯繫。他們用於宣傳的費用很少，將全部資源、資金，都是放在病人上，支持防癌會，很值得！」

高永文醫生說：「癌症，由絕症到今日不論存活率以至康復率數字不斷上升，與何鴻超教授乃至防癌會委員會裏，結集一代又一代不同專業的醫護人員，在半世紀裏實行種種從無到有、先鋒性的項目有很大關係。只有防癌會可在戰癌上發揮領導作用，懇請繼續資助香港防癌會。我們承諾，一定不辜負所有人的心力勞力，一分一毫，都投放在戰癌的工作上，永不停步！」

捐款支持防癌會

防癌，刻不容緩！

癌症，是人類的頭號殺手，防癌是新世紀刻不容緩要做的事，也是人類必具的智慧，董煜醫生説：「癌症已不是絕症，不煙、不酒、多菜、多吃生果、均衡飲食、充分休息、多運動、及早發現問題，患癌的機會已經少了三分之一，一切都可以逆轉。」

鄧智偉教授説：「現代人常説：年輕時拼命賺錢，年紀大了，錢可以不要，將健康還給我！忙，但仍要提醒自己，保持好的免疫力，還有，不要破壞自己的健康。屬於高危的，如家族有患癌史，提高警覺，不要等到 50 歲之後，或覺得有不舒服才防癌，愈早知道和注重愈好。」

朱楊珀瑜説：「現在已有很多資訊，教你如何做最好的生命投資，如何現在付出 1 元，將來不需付出 10 倍的身家性命財產！」

最新癌症普查指引

堅守戰癌最前線！

「防癌會未來希望能與政府合作，在防癌治癌上，訂定一個全港性共同的目標。」梁智鴻醫生說：「例如訂定三年後，將癌症的死亡率減至多少，或五年後某些癌症的發病率減至多少等。目標訂定之後，香港政府、所有相關的團體、全港市民，共同朝着這個目標，一起去做、去達到，這是理想的重要新里程碑。防癌會正在努力地，與其他相關機構洽商，呼籲合作，支持政府牽頭同行。」

主席朱楊珀瑜在一次活動上回顧何鴻超教授愛護救治癌症病人的精神，為癌症病人創立香港防癌會的使命說：「香港防癌會已經跨越不容易的半世紀，一切都是從無到有。對病人、家屬、防癌會來說，戰癌是一條很難走的路，但我們很自傲，防癌會過去半世紀所作出的貢獻和成績，是實實在在的，幫了無數的病人和家庭，也幫助推動預防、檢查、治療癌症的政策。衷心感謝，所有為癌症病人付出過的人和機構，繼續堅守在戰癌的最前線！」

朱楊珀瑜女士衷心感謝各界支持，並盼各界攜手為防癌、抗癌、戰癌工作繼續努力

南朗醫院非凡的 36 年及香港防癌會至今的發展

1963 年 3 月香港防癌會申請註冊為非牟利團體,籌建香港防癌醫院(初名),老洪鈞夫人(何廣華女士)及陳南昌先生率先發起籌建運動,粵劇演出籌得港幣 130 多萬元。

1964 年 10 月香港防癌會成功註冊,乃香港第一間非牟利癌症機構,政府批出黃竹坑南朗山道 30 號地段租予建院,醫院初名香港防癌醫院,後易名為南朗醫院。

1966 年 善款累積籌得 265 萬元,建院工程展開。

1967 年 5 月 5 日,南朗醫院啟用,當時布政司祁濟時,代表港督戴麟趾爵士主持啟用禮。

病床 120 張,公立醫院收費,除院長、護士長外,還有 24 小時駐院醫護人員,更有化療注射、醫護員工宿舍、陳南昌堂、癌症參考圖書室、演講室、藥房、殮房等設備。提供膳食、衣物、專車接送到瑪麗醫院電療,為逝者安排後事。

經濟有困難的病人,可申請豁免或削減收費。「世界信義宗社會服務處」捐港幣 1 萬元試辦「癌病救濟服務基金」,資助病人完成心願。

| 1970 年 | 4 月，成立檢驗室。檢驗室初期獲公益金撥款資助；至 1983 年 3 月，賽馬會資助購置儀器、檢驗室之改建費及裝修費等。細胞檢驗室開幕，進行細胞學檢驗，培訓人才。 |

| 1973 年 | 獲得各方資助進行第一期擴建工程，增建病房、宿舍、美化及擴大殮房等。 |

| 1978 年 | 4 月，中央消毒室成立，可自行供應消毒衣物。 |

| 1979 年 | 5 月，第二期擴建工程完成，增建五層塔樓、地下停車場、宿舍、研究實驗室，設置康樂治療部，醫務衛生署署長唐嘉良醫生主持啟用儀式。 |

| 1981 年 | 提供流動 X 光檢查，為臥床病人檢查。 |

| 1982 年 | 裝置中央氧氣供應系統。 |

1983 年

4 月由政府酌量補助，轉為差額補助。

6 月，加建塔樓、宿舍、細胞學實驗室及研究實驗室，全院裝置活動布簾，醫務衞生署署長兼防會榮譽會長唐嘉良醫生主持開幕。

8 月，設物理治療部，提供運動療法、物理電療、臥床病人自我照顧、關節紓緩等，教導非住院病人家屬照顧，加速康復。

1984 年

小賣部啟用。公益金資助康樂服務。

天主教、基督教、佛教義工共融雲集，為病人提供心靈照顧。

1985 年

引進電腦化管理系統。

7 月開辦癌症護理課程，是全港第一個專科癌症護理課程。

義工組織化，提供培訓，為病人安排打麻雀、打天九、手工藝等，定期為病人舉辦各種活動，品茶、卡拉 OK、生日會、旅行等。

1986 年

1 月港督尤德爵士夫人探訪參觀。

6 月與「半島青年商會」合作，為「善終服務基金」舉行慈善步行籌款。同日，鍾逸傑爵士夫人主持醫院第一次開放日的開幕典禮，參觀人數達 1,112 人，推動癌病教育。

「癌病熱線」成立，為全港首條由華人義工主聽的熱線。

1987 年

6月，獲香港賽馬會（慈善）有限公司捐助，試行兩年「善終服務試驗計劃」，撥出男、女病床各 20 張推行。

隨後得到東方日報慈善基金會、鄺美雲小姐慈善演唱會、香港醫學會管弦樂團慈善音樂會、嗇色園及華人永遠墳場管理會等資助。

11 月善終服務開展典禮，賽馬會薛特倫先生、招顯洸議員剪綵，善終服務小組投入服務，為病人及家人提供身、心、社、靈的全人照顧。

由潘若芙醫生統籌，張佩蘭女士主理，開始於《華僑日報》撰寫專欄。

1988 年

11 月群芳慈善基金會捐贈 $1,193,800 元，為全院所有病房裝置冷氣。計劃為夾心階層提供收費的善終乙等病房。

康貴華醫生任義務精神科顧問。

香港防癌會成立 25 週年。

1989 年

設立職業治療部，與康樂治療合作，改善病人自我照顧及活動能力。

11 月，醫院舉行第二次開放日，以慶祝防癌會於 88 年成立 25 週年，邀請鍾士元爵士、黎敦義太平紳士、梁智鴻議員等主禮。

1990 年

東方日報慈善基金會及香港賽馬會（慈善）有限公司，分別於 8 月及 9 月捐贈港幣 82 萬元及 50 萬元支持善終服務。

10 月 30 日，群芳慈善基金會捐贈冷氣安裝完成，基金會的芳艷芬女士和李曾超群女士，親臨主持啟用儀式。

1991 年

4 月善終服務獲政府支持，醫院事務署批准增設 1 位護士主任及 2 位註冊護士職位。

推出嶄新的專科門診，為懷疑患癌的市民檢查，或轉介其他專科跟進。

7 月 12 日，港督衛奕信爵士夫人蒞臨探訪病人說：「善終服務帶來愛和關懷的氣氛。」同月 19 日擔任贊助人，出席香港醫學會管弦樂團為善終服務舉辦的慈善音樂會，籌得超過港幣 74 萬。

1990 年醫院管理局成立，1991 年 12 月 1 日正式接管南朗醫院，超過 95% 員工加入醫管局。

12 月下旬，華人永遠墳場管理委員會捐助港幣 100 萬支持善終服務。

1992 年

7 月，聘請臨床心理學家，成為全港首間癌病醫院聘有臨床心理學家。10 月 25 日，南朗醫院成立 25 週年，舉行第三次開放日。

60 張病床提供善終服務，成立疼痛治理小組改善病人疼痛的治理。

1994 年

為家屬成立親屬支持小組，並為逝世病人的「高危親屬」（包括小童）設立哀傷輔導小組。

善終服務發展小組委員會成立，為喪親家庭開辦自助小組。

增聘社工，展開家訪服務，並提供家居照顧服務，持續護理康復出院病人。

1995 年

刊印《南朗心》員工通訊，並首度刊印《義工手冊》。

1996 年

舉辦第一個義工日及頒獎儀式。

善終服務病床增至共 68 張。

與香港電台合辦日月星辰防癌音樂夜，為善終服務籌款。

開設日間護理服務（Day Care Service）中心。

1997 年

2 月，默里爵士信託基金（Sir Murray Trust Fund）捐贈的病人休閒花園啟用。

5 月，塔樓加建兩層作防癌會辦公室，增設 8 樓圖書館及 9 樓演講廳。

11 月，南朗醫院 30 週年，籌辦一系列紀念活動，包括中學學生中文作文比賽、科學研討會、開放日、電台廣播介紹服務。11 月 8 日董趙洪娉擔任 30 週年誌慶主禮嘉賓及主持 4 樓新善終服務病房、病人休憩花園啟用儀式。

設立病人資源中心。

1998 年

4 月，位於塔樓 4 樓、有 20 張病床的善終服務病房啟用，病床增至共 200 張，其中 88 張為善終服務病床。

癌症救濟委員會易名為改善癌病人生活基金小組委員會。而基金名稱則由癌症救濟基金改為改善癌病人生活金基金。

7 月，長達 18 個月的病房維修計劃展開，整間醫院的病人服務遷至東區醫院。

1999 年

醫管局共撥款 3,200 萬元，進行病房全面刷新工程，包括道路和斜坡維修、候命室安裝空調、置換緊急發電機組、增加殮房容量等。

3 月，香港賽馬會慈善信託基金捐贈港幣 2,000 萬元，將廚房和職員飯堂遷至地庫，騰出空間改作病房。

2000 年

4 月，維修工程完成，全院病人從東區醫院遷回。殮房美化，增設適合不同宗教病人與親友道別的「惜別軒」。

2001 年

1 月，重整資源。9 月底，病床共有 190 張，其中 98 張提供善終服務。

10 月「香港賽馬會慈善信託基金」撥款 159 萬元資助哀傷輔導服務，為期兩年。

2003 年
醫院管理局配合政策，終止南朗醫院的運作。病人由醫管局全部接收，安排到各區綜合醫院的腫瘤科。
12 月 15 日，南朗醫院結束服務。

2005 年
香港賽馬會慈善信託基金慷慨捐助防癌會，把舊南朗醫院改建為自負盈虧、但以非牟利形式運作的香港防癌會賽馬會癌症康復中心。

2006 年
何鴻超教授紀念助醫計劃開展，該計劃以現金補貼或藥物贊助形式，幫助一些未能負擔所需藥物開支的癌症病人，治療其癌病。
舉辦首個慈善晚宴，為香港防癌會籌募經費。

2008 年
由舊南朗醫院改建的香港防癌會賽馬會癌症康復中心正式投入服務。

2009 年
與香港浸會大學中醫藥學院合作，在香港防癌會賽馬會康復中心內，開設中醫藥中心，並特設癌症專科服務。
富豪國際酒店集團定期冠名贊助慈善晚宴，免費提供場地及餐飲服務。

2010 年 成為渣打香港馬拉松慈善項目其中一間受惠機構。

2011 年 獲「譚雅士杜佩珍慈善基金」的慷慨捐助,設立並推行「攜手同行——譚雅士杜佩珍癌症家庭支援計劃」。

2012 年 獲麥紹堅醫生伉儷慷慨捐贈,開設「香港防癌會麥紹堅伉儷中西醫結合化療中心」。

2013 年

香港防癌會成立 50 週年。

獲余兆麟醫癥基金的慷慨撥款,香港防癌會賽馬會癌症康復中心增設 12 張慈善愛心病床,資助經濟有困難的病人。

舉辦首個香港區「Globeathon 全球為妳走」活動,透過步行活動,把對抗婦科癌症的訊息推廣開去。

12 月舉行了「癌症的挑戰與機遇」專題研討會,同時舉辦了香港首個「香港癌症日」,在防癌會統籌下, 40 間包括政府、企業及非牟利機構一起參與。

2015 年 獲香港賽馬會慈善信託基金資助為期三年的「香港防癌會——賽馬會『攜手同行』癌症家庭支援計劃」，與基督教家庭服務中心合作，上門探訪並為癌症病人及家庭提供支援服務。

2016 年 香港防癌會於清水灣鄉村俱樂部舉辦首屆慈善高爾夫球賽。

2017 年 香港區「Globeathon 全球為妳走」活動易名為「年年護妳」關注女性癌症活動，繼續推廣女性防癌資訊。

獲梁鳳霞慈善基金捐助，靈修室命名為「梁鳳霞靈修室」

2018 年 「香港防癌會——賽馬會『攜手同行』癌症家庭支援計劃」繼續擴大服務範圍，並邀請雅麗氏何妙齡那打素慈善基金會為夥伴機構，讓更多有需要的病人及家屬得到支援。

2019 年 香港防癌會——香港浸會大學中醫藥中心成立 10 周年

南朗醫院歷任院長 / 行政總監

楊元榮醫生	1967 年 5 月 – 1979 年 11 月
韋婉儀醫生	1979 年 12 月 – 1987 年 02 月
蘇怡燒醫生	1988 年 07 月 – 1991 年 01 月
羅佩賢醫生	1991 年 01 月 – 1993 年 01 月
Dr. Shirley Ip	1993 年 03 月 – 1993 年 08 月
馮順益醫生	1993 年 09 月 – 2000 年 04 月
梁秀芝醫生	2000 年 05 月 – 2003 年 12 月

香港防癌會賽馬會癌症康復中心歷任總監 / 院長

梁明娟醫生（義務醫務總監）	2008 年 2011 年
梁小雲小姐（院長）	2011 年至現在

衷心感謝各界

過去逾半世紀

無私的支持！

謝謝！

香 港 防 癌 會
HONG KONG ANTI-CANCER SOCIETY
Since 1963

☎ 3921 3821

✉ pr@hkacs.org.hk

🌐 www.hkacs.org.hk

f 香港防癌會

The Hong Kong Anti-Cancer Society

跨越半世紀的使命

Since 1963

香 港 防 癌 會
HONG KONG ANTI-CANCER SOCIETY
Since 1963

作者
香港防癌會

撰文
劉潔芬

編輯
林可欣

美術設計
阿皮

出版者
萬里機構出版有限公司
香港鰂魚涌英皇道1065號東達中心1305室
電話：2564 7511
傳真：2565 5539
電郵：info@wanlibk.com
網址：http://www.wanlibk.com
　　　http://www.facebook.com/wanlibk

發行者
香港聯合書刊物流有限公司
香港新界大埔汀麗路36號
中華商務印刷大廈3字樓
電話：2150 2100
傳真：2407 3062
電郵：info@suplogistics.com.hk

承印者
美雅印刷製本有限公司

出版日期
二零一九年十二月第一次印刷

※ 全書內容均為口述歷史